# DESCRIPTIONS
# *DES ARTS*
# ET MÉTIERS.

# DESCRIPTIONS
# *DES ARTS*
# ET MÉTIERS,

*FAITES OU APPROUVÉES*

PAR MESSIEURS

## DE L'ACADÉMIE ROYALE
## DES SCIENCES.

*AVEC FIGURES EN TAILLE-DOUCE.*

A PARIS,

Chez { SAILLANT & NYON, rue S. Jean de Beauvais; DESAINT, rue du Foin Saint Jacques.

M. DCC. LXI.

*Avec Approbation & Privilége du Roi.*

# ART
# DE RAFINER LE SUCRE.

---

*Par M. DUHAMEL DU MONCEAU.*

---

M. DCC. LXIV.

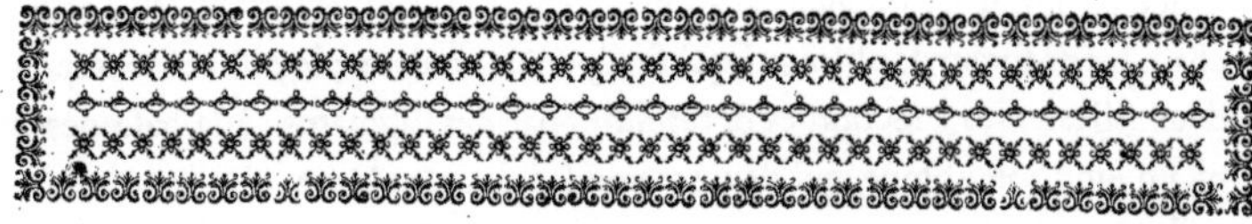

# ART DE RAFINER LE SUCRE*.

## *INTRODUCTION.*

Le Sucre dont on fait une si grande consommation, est le sel essentiel d'une espèce de roseau qu'on cultive à la nouvelle Espagne, au Brésil, à S. Christophe, à la Guadeloupe, à la Martinique, à S. Domingue, & dans presque toutes les Colonies Espagnoles, Angloises & Françoises, qui sont situées entre les deux Tropiques. Ce Roseau s'appelle en françois *Canne à sucre* ou *Cannamelle*, en latin *Arundo saccharifera*, C. B. p. *Arundo saccarina*, J. B. *Arundo & Calamus saccharinus.* Tab. Ic. *Meli-Calamus*, Cord. *Canna mellea*, Cæs. &c.

Ce Roseau, comme toutes les autres plantes de la même classe, a ses fleurs rassemblées en épi; il n'a point de pétales, à moins qu'on ne regarde comme pétales les balles ou les feuillets intérieurs du calice; & en ce cas, on peut dire que la canne à sucre en a deux, accompagnés de filets ou de poils; le

* Je n'ai trouvé dans le dépôt de l'Académie aucun Mémoire sur la clarification du Sucre, mais seulement deux Planches gravées. J'ai fait usage de celle qui représente le moulin à écraser les cannes; quant à l'autre, le dessein en étoit si peu exact, que j'ai cru devoir la mettre au rebut.

Ayant été obligé, il y a environ trente ans, de faire à Orléans un séjour d'une année, je m'étois fait un plaisir de suivre, avec M. Arnault de Nobleville, toutes les opérations des Rafineries. C'est ce qui m'a déterminé à me charger, envers l'Académie des Sciences, ed décrire l'Art du Rafineur. Mais comme depuis trente ans mes idées s'étoient fort embrouillées, j'avois un besoin absolu de me rafraîchir la mémoire de tous les procédés de cette Manufacture; je me suis adressé en repassant par Orléans, à M. de Vandbergue, qui m'offrit obligeamment l'entrée de sa Rafinerie, & de m'y accompagner pour m'aider à en mieux suivre toutes les opérations: j'acceptai avec reconnoissance une offre aussi généreuse, & en peu de jours je me suis rappellé toutes mes anciennes idées. M. Des Friches voulut bien m'aider de son crayon dans la représentation de toutes les opérations, & il m'a fait présent du Dessein qu'il avoit fait des Figures qui sont réunies dans la troisiéme Planche, & encore des Etudes qui représentent les attitudes de la plûpart des Ouvriers en besogne. De retour à Dénainvilliers, & rempli de mon objet, j'ai rédigé l'Art que je présente au Public; & pour ne point abuser de sa confiance, j'ai communiqué mon manuscrit à M. de Nobleville, en le priant de le faire passer sous les yeux de M. de Vandbergue mon premier Maître, & ensuite à M. de Gueudreville qui m'avoit promis de m'en dire son avis. J'ai profité des remarques que ces habiles Gens ont bien voulu me communiquer; & dès lors je comptois sur l'exactitude de mon travail; cependant, j'ai encore consulté M. Le Vasseur, & l'ai engagé à lire mon manuscrit: il m'a assuré que je pouvois le donner au Public tel que je le lui présentois. Enfin, M. Soyer Ingénieur des Ponts & Chaussées, qui étoit alors à Orléans, a bien voulu me fournir le détail des Etuves, tel qu'on le voit sur la Planche X. Je satisfais mon inclination, en informant le Public qu'il doit partager avec moi la reconnoissance qui est dûe à MM. de Vandbergue, de Gueudreville, de Nobleville, Des Friches & Soyer.

calice eſt formé de pluſieurs écailles, d'entre leſquelles ſortent trois étamines chargées de ſommets oblongs, qui ſe ſéparent en deux; le piſtil eſt compoſé de deux ſtiles velus, recourbés & terminés par des ſtigmates : à la baſe des ſtiles eſt un embrion oblong qui devient une ſemence pointue.

La canne à ſucre, comme les autres eſpeces de roſeaux, a des tiges droites garnies de nœuds d'où ſortent des feuilles longues, minces, pointues, qui embraſſent la tige par leur baſe. Au lieu que la ſubſtance de nos roſeaux eſt peu ſucculente & aſſez ferme, puiſqu'on en forme des cannes pour la promenade; les tiges de la canne à ſucre ont peu de conſiſtance : on enfonce aiſément l'ongle ſur leur ſuperficie, & elles ſont preſqu'entiérement formées par une moëlle ou pulpe ſucculente, dont la ſaveur eſt douce & ſucrée : c'eſt en ce point que conſiſte principalement leur utilité.

La hauteur & la groſſeur de ces cannes, dépend de la fertilité du terrein; on en a vû qui avoient juſqu'à vingt pieds de longueur, & qui peſoient plus de vingt livres : plus elles ſont expoſées au ſoleil, plus elles ſont ſucrées. Cependant, pour en retirer aiſément de bon ſucre, il faut les cueillir en bonne ſaiſon, & quand elles ſont parvenues à un certain degré de maturité, ce qu'on reconnoît à leur couleur, qui doit être jaune ; leur tige doit être liſſe, ſéche & caſſante. Les plus peſantes ſont les meilleures : la moëlle en doit être griſe, & même un peu brune, gluante, & d'une ſaveur très-douce. La nature du terrein contribue beaucoup à la bonne qualité des cannes. Dans les terres graſſes & fortes, les cannes deviennent très-hautes ; mais leur ſuc qui eſt abondant, donne difficilement un ſucre bien grené : au contraire, les cannes qui ont crû ſur un terrein un peu plus léger, qui eſt en pente, qui a beaucoup de fond, & qui eſt expoſé au ſoleil, fourniſſent du ſucre grené en abondance & avec facilité. Comme ce n'eſt pas ici le lieu de s'étendre ſur ce qui réſulte de la différente nature des terreins, je me bornerai à dire, en général, que dans ceux qui ſont humides, le ſuc des cannes très-chargé de phlegme, a beſoin de beaucoup de cuiſſon; & que dans les terreins fort ſecs, comme le ſuc eſt très-gluant, il faut quelquefois l'étendre avec un peu d'eau pour pouvoir le clarifier.

Quand le terrein qu'on veut mettre en cannes a été bien labouré & eſſarté, on trace au cordeau des traits à la diſtance de deux pieds les uns des autres, ſi la terre eſt maigre, ou de trois pieds & demi ſi elle eſt très-bonne. On fait, ſuivant la direction de ces traits, des foſſes d'environ quinze pouces de longueur, de quatre à cinq pouces de largeur, & de ſept à huit de profondeur. On plante dans chaque foſſe deux boutures de canne, de quinze à dix-huit pouces de longueur, & on les place de maniere qu'on voie ſortir à chaque extrémité de la foſſe un bout de canne d'environ quatre pouces de longueur.

Comme les racines partent & sortent presque toujours des nœuds, on estime les boutures qui en ont beaucoup ; c'est pour cela qu'on les prend par préférence dans le haut des cannes, au-dessous de l'épi : mais on peut immédiatement se dispenser de cette attention, & tirer plusieurs boutures d'une même canne.

Le vrai tems de planter les cannes, est la saison des pluies ; car au bout de huit jours qu'elles ont été plantées, s'il tombe de l'eau, elles auront déja fait des productions. Il faut sarcler soigneusement les cannes, & tant qu'il y croît de l'herbe ; on est en partie débarrassé de ce soin, quand elles sont devenues assez fortes pour étouffer l'herbe qui croîtroit sous elles. On doit encore éloigner toute espèce de bétail de ces plantations, & faire la chasse aux rats qui sont très-friands de ces cannes. Ce que je viens de rapporter, doit suffire pour donner une idée de la culture de cette plante : disons maintenant un mot de sa récolte.

On coupe les cannes au bout de quatorze, quinze ou seize mois, en un mot toutes les fois qu'elles sont parvenues au point de maturité que nous avons indiqué : car il y a plus d'inconvénient de les couper trop vertes que trop mûres.

Dans les terres maigres & qui ont peu de fond, il faut replanter les cannes après la seconde coupe ; mais elles subsistent vingt ans & plus dans les bons terreins, les vieilles souches poussant jusqu'à quinze tiges : on doit avoir soin de les rechausser toutes les fois qu'elles se montrent trop hors de terre.

Pour se préparer à faire la récolte des cannes, on arrache les lianes qui pourroient y être crûes depuis le dernier sarclage ; quelque-tems après on coupe les tiges des cannes avec une serpe ; on les lie par bottes, & on les porte au moulin pour en retirer le suc le plutôt qu'il est possible ; car on éprouveroit une perte considérable, si elles venoient à s'échauffer & à fermenter.

Quand les cannes sont cueillies, il faut en exprimer le suc, ce qui s'exécute en les faisant passer entre de gros rouleaux ou cylindres de fer (*KIK Planche I. Fig.* 1.) qui, par leurs révolutions engagent entre eux ces cannes, les brisent & les pressent fortement dans un espace qui n'est guere que d'une ligne ou une ligne & demie : le suc qui en est exprimé tombe dans une auge destinée à le recevoir. Comme il y a trois rouleaux à chaque moulin, on fait passer chaque canne entre deux de ces rouleaux, celui du milieu *I* & un des côtés *K* ; une Négresse la reçoit de l'autre côté du moulin ; elle la plie en deux, & la fait repasser du côté d'où elle étoit venue, entre le rouleau du milieu & le rouleau de l'autre côté *K* : alors elle a rendu tout son suc. La canne dont le suc a été exprimé se nomme *bagasse* : on la fait sécher pour la brûler sous les chaudieres.

Comme le ſuc de canne a une grande diſpoſition à fermenter & à s'aigrir, on lave ſouvent le moulin pour ôter toute cauſe de fermentation, & il faut ſans différer mettre le ſuc dans les chaudieres pour le cuire.

Le ſuc de canne qu'on nomme auſſi *le vin de canne*, ou *le veſou*, eſt une liqueur agréable à boire, & qui paſſe pour être fort ſaine. Le veſou eſt plus ou moins doux, plus ou moins ſucré ſuivant la maturité des cannes, & le terrein où elles ont crû; ainſi il y a tel veſou qui a beſoin d'être plus cuit qu'un autre; tous doivent être dégraiſſés & clarifiés, enfin être ſuffiſamment concentrés par la cuiſſon, pour que le ſel eſſentiel ſe ſépare, au moins en partie, du ſyrop, & qu'il ſe cryſtalliſe.

Ces différentes opérations s'executent en faiſant paſſer le veſou ſucceſſivement dans différentes chaudieres. Pour concevoir ce qui s'y opere, il faut ſçavoir que le veſou eſt compoſé du ſel eſſentiel de la canne diſſout dans beaucoup de phlegme, & mêlé avec une ſubſtance graſſe & ſyrupeuſe *. Or, un ſel étendu dans une trop grande quantité d'eau, ne ſe cryſtalliſe pas, & la ſubſtance ſyrupeuſe fait encore un plus grand obſtacle à la cryſtalliſation: de plus, cette matiere graſſe, étendue dans une ſuffiſante quantité d'eau, excite fortement la fermentation. Ce qui fait appercevoir que pour obtenir le ſel eſſentiel cryſtalliſé ou grené, & dans un état où il ne puiſſe point être altéré par la fermentation, il faut le concentrer & le débarraſſer de la ſubſtance graſſe ou muqueuſe la plus groſſiere: je dis, *la plus groſſiere*; car il en reſte toujours beaucoup dans le ſucre, puiſqu'il eſt inflammable & qu'il eſt toujours ſuſceptible de fermentation quand on l'étend dans ſuffiſante quantité d'eau. Si les ſyrops & les confitures qu'on fait avec des ſucres peu rafinés, comme ſont les caſſonades griſes, ſont peu ſujets à ſe candir, c'eſt parce que la ſubſtance graſſe ou muqueuſe qu'ils contiennent, forme un obſtacle à la cryſtalliſation: ſi les ſyrops & les confitures peu cuites, ſont ſujettes à fermenter & à s'aigrir, c'eſt qu'elles contiennent aſſez de flegme pour que la fermentation s'opere: ſi l'on retire beaucoup d'eſprit ardent des gros ſyrops & du veſou, c'eſt qu'ils contiennent beaucoup de matiere graſſe ou muqueuſe qui, par la fermentation, produit de l'eſprit ardent: ſi les confitures & les ſyrops qu'on fait avec de beau ſucre bien clarifié, ſont ſujets à ſe candir, c'eſt que la ſubſtance muqueuſe qui en eſt enlevée par la clarification facilite cette cryſtalliſation.

Muni de ces connoiſſances, parcourons rapidement les différentes opérations qui ſe font dans les Sucreries des Iſles.

Le ſuc de canne ſe raſſemble dans le réſervoir *H*, (*Pl. I. Fig.* 1. & *KK*, *Fig.* 2.) On le puiſe dans ce réſervoir, & on remplit une grande chaudiere 5 avec le veſou

* Quand dans la ſuite de ce Mémoire je parlerai d'une ſubſtance graſſe, il ne faut pas prendre l'idée d'une matiere analogue à la graiſſe des animaux: c'eſt une ſubſtance muqueuſe, qui a grande diſpoſition à fermenter, & qui fait obſtacle à la cryſtalliſation du ſucre.

vesou qu'on a recueilli au sortir du moulin, dans un bac ou réservoir K (*Fig.* 2.); quelquefois même ce vesou coule de lui-même, & à mesure qu'on l'exprime dans la grande chaudiere F.

Suivant sa qualité plus ou moins grasse, on verse dedans de la lessive de chaux & de cendre, même quelquefois de la chaux, de la cendre pure & de l'alun; puis on leve les écumes.

On passe successivement le syrop dans plusieurs chaudieres 4. 3. 2. 1. ajoutant toujours de la lessive de chaux & de cendre, & écumant avec soin. Lorsque le syrop a été bien clarifié dans la derniere chaudiere *I*, on le met à son degré de cuisson, & on le dépose dans un bac pour se rafraîchir; si le vesou est bien cuit & bien dégraissé, il s'y forme une épaisse croute de sucre, il se dépose du grain sur les côtés, il s'en précipite au fond; mais si le syrop a été mal dégraissé, ou s'il n'a pas été cuit à son degré précis, alors le grain ne se sépare du syrop * qu'imparfaitement, & quand il est tout-à-fait refroidi. Quoi qu'il en soit, on remue fortement le grain avec le syrop, & on transporte avec des bassins le syrop encore chaud dans des canots qui sont à l'endroit où l'on doit emplir les bariques.

Quand le syrop est assez refroidi pour qu'on puisse y tenir le doigt, on emplit les bariques qui sont défoncées d'un bout, & posées ce bout en haut, l'autre repose sur un plancher de grillage, qui couvre une grande cîterne où doivent se rassembler les syrops.

On fait au fond des bariques qui posent sur le grillage, deux ou trois trous dans lesquels on passe quelques cannes, pour que le syrop puisse s'écouler sans emporter le grain.

On emplit, comme je l'ai dit, ces bariques du syrop qui est dans les canots lorsque son degré de chaleur permet d'y tenir le doigt; car si on le versoit trop chaud & avant que le grain fût formé, on perdroit beaucoup de sucre qui tomberoit avec le syrop dans la cîterne; si on le laissoit trop refroidir, le syrop congelé resteroit en grande partie avec le grain; mais quand on observe le degré que nous venons d'indiquer, une partie du syrop coule dans la cîterne, & il reste dans les bariques un sel essentiel plus ou moins brun, qu'on nomme *le sucre brut* ou *la moscouade*; plus il y a de grain, moins la moscouade baisse dans les bariques: mais elle baisse nécessairemant dans toutes les bariques, ce qui oblige de les remplir avec de la moscouade, qu'on tire de quelques bariques qui ont purgé leur syrop.

On enfonce les bariques après qu'elles se sont purgées, & on les envoie aux

* Je sçai que dans les Rafineries on appelle *le syrop* une substance visqueuse ou muqueuse, qui se sépare du grain; mais comme on a coutume de nommer *syrop* le sucre fondu dans l'eau, & qui n'est point crystallisé, je ne ferai point de difficulté d'employer quelquefois ce terme dans cette signification.

Rafineurs d'Europe. On conçoit aiſément qu'il doit y avoir de ces moſcouades de bien des qualités différentes, ſuivant la nature du terrein qui a produit les cannes, ſuivant l'habileté du Rafineur qui a mieux dégraiſſé le veſou & cuit le ſyrop à un point convenable, & ſuivant qu'on a laiſſé le grain ſe purger plus ou moins de ſon ſyrop; car une belle moſcouade peut fournir plus de $\frac{2}{5}$ de ſucre blanc, pendant que d'autres tombent preſqu'entiérement en ſyrop. La bonté du ſucre brut, ou de la moſcouade, conſiſte en ce que le grain ſoit gros, qu'il ſoit clair & tirant ſur le blanc, qu'il ſoit dur, ſec & bien purgé de ſyrop : de plus, il ne doit point ſentir le brûlé, ni avoir d'aigreur.

Comme la principale perfection des ſucres bruts dépend de ce qu'ils ſoient plus purgés de ſyrop, on a pris l'habitude de mettre le veſou clarifié & cuit en ſyrop dans de grandes formes & de le terrer ; enſuite on caſſe les têtes des pains qui ſont reſtées brunes ; & après avoir deſſéché les pains à l'étuve, on les pile pour en faire des caſſonades plus ou moins blanches, ſuivant le ſoin qu'on a pris à clarifier le ſyrop & à le terrer; ainſi, ces *caſſonades* ne ſont autre choſe que du ſucre mis en poudre. On retire auſſi aux Iſles du ſucre des écumes & des ſyrops qui ſe ſont écoulés dans la cîterne : on clarifie même du ſucre comme en Europe. Mais je ne m'étendrai point ſur tous ces articles, parce qu'ils ſeront compris dans l'Art du Rafineur qui fait l'unique objet de cet ouvrage ; tout ce que nous avons dit du travail qui ſe fait en Amérique, n'étant que pour faire comprendre d'où dépendent les différences qu'on apperçoit entre les moſcouades & les caſſonades qu'on apporte en Europe. Le travail des Sucreries & des Rafineries des Iſles devant être traité à part par quelqu'Obſervateur qui ſera à portée de travailler ſur les lieux mêmes, je me contenterai de dire qu'on reçoit des Iſles, 1°. du ſucre brut ou moſcouade; 2°. du ſucre paſſé ou caſſonade griſe ; 3°. du ſucre terré ou caſſonade blanche; 4°. du ſucre rafiné & pilé.

## *Réception des Bariques.*

QUAND les bariques de ſucre arrivent dans la Rafinerie, on les peſe pour vérifier ſi la réception eſt conforme à la facture, & on les dépoſe dans un magaſin bas ou dans un ſellier qui doit être ſec. On les y arrange en les engerbant les unes ſur les autres, comme on le voit (*Planche II. Fig.* 1.) par la porte d'un pareil magaſin qu'on a laiſſé ouverte dans la Figure, pour qu'on puiſſe appercevoir cet arrangement. Ces bariques reſtent dans ce magaſin, où l'on a rangé ſéparément les moſcouades & les caſſonades blanches. Il eſt d'une grande conſéquence que les magaſins dans leſquels on met les ſucres bruts ſoient carrelés, & diſpoſés en pente ; & que dans la partie la plus baſſe du magaſin, il y ait un ou deux trous enfoncés d'une couple de pieds en terre, dans lesquels se rassemblent les syrops qui ne cessent de couler des bariques de sucre brut, que quand les bariques sont cassées. Sans cela on seroit dans une malpropreté extrême, & l'on ne pourroit approcher des bariques, ni les rouler sans être pris comme à la glu; au lieu que le syrop s'égoutant dans les trous dont on vient de parler, on a soin de l'en retirer à mesure qu'ils s'emplissent : avec cette attention le magasin reste propre, & il n'y a rien de perdu. On reçoit des sucres bruts & blancs dans des bariques qui ne pesent que 700 à 800, lorsqu'elles viennent de la Martinique : les sucres bruts & blancs de S. Domingue arrivent dans des bariques de 1200 à 1500.

### *Du lieu où sont placés les Bacs à sucre, & du travail qu'on y fait.*

Dans le magasin que nous venons de décrire, ou bien à côté, on construit en colombage revêtu de bonnes planches de chênes quatre bacs pour la moscouade, & deux pour la cassonade; ces bacs sont des loges qui ont environ douze pieds en quarré; elles sont revêtues de planches arrêtées à demeure sur trois de leurs côtés; le plancher du bac est aussi planchéïé, & forme un gradin élevé d'environ six pouces au-dessus du plancher de la chambre; le devant est ouvert; mais à mesure qu'on met du sucre dans les bacs, on pose horisontalement sur le devant, des planches dont les deux bouts sont reçus dans de profondes rainures, pratiquées sur une des faces des poteaux qui forment le devant des cloisons qui séparent les bacs; ainsi le devant de ces bacs se ferme comme la plûpart des boutiques de Marchands, à cela près que les planches au lieu d'être posées verticalement le sont horisontalement.

On voit dans la *Planche II. Fig.* 2. trois bacs pour le sucre brut ou la moscouade; celui marqué *A* est presque plein, & garni de planches jusques vers le haut; celui cotté *B*, n'est rempli qu'à demi, & n'est garni de planches que jusqu'à la moitié de sa hauteur; & celui marqué C est presque vuide, & n'est garni que des deux premieres planches.

Ces bacs sont destinés à recevoir les moscouades de différentes qualités. On les distingue en quatre classes : l'un se nomme *le deux*; c'est dans celui-là qu'on met le plus beau sucre, & de la premiere qualité, dont on fait les pains de deux livres; l'autre se nomme *le trois*, c'est-à-dire, que le sucre qu'il contient est employé à faire des pains de trois livres, & est réputé de la seconde sorte.

Le troisieme bac se nomme *le quatre* ou *le sept*: la moscouade qu'on y dépose s'emploie à faire les gros pains de ce poids.

On met dans le quatrieme bac la moscouade la plus brune, & la plus grasse qui se trouve dans la couche des bariques où le syrop se dépose plus qu'ailleurs; on la nomme *barboutte*, parce qu'on en fait de gros pains qui portent ce nom, & qui pesent 50 à 60 livres, lorsqu'ils sont purgés de leur syrop : il y en a même de 70 & plus ; on verra dans la suite, que ces gros pains, après qu'ils ont été bien purgés de leur syrop, sont employés comme matiere premiere, pour fabriquer le sucre rafiné.

Il est bon d'être prévenu que les dénominations de *deux*, de *trois*, de *quatre* & de *sept* sont imaginaires : elles ne servent qu'à désigner les différentes natures de sucre brut ; car on verra ci-après qu'on peut faire de beau sucre, & de petits pains avec la moscouade qui a été déposée dans le bac pour le numero *quatre*. Il n'y a que le sucre appellé *barboutte*, qu'on ne peut se dispenser de fondre pour le rendre propre au rafinage.

Les dénominations de pains en *petit deux* & *grand deux*, de même qu'en *trois*, *quatre* & *sept*, n'ont pas même de relation avec le véritable poids des sucres rafinés ; car le *petit deux* pese depuis deux livres & demie jusqu'à deux livres trois quarts ; le *grand deux* quatre livres, à quatre livres & demie ; le *trois* environ six livres & demie : le *quatre* dix livres, & le *sept* entre seize & dix-huit livres.

A l'égard des cassonades, il y a bien des Rafineries où on ne fait point de triage ; alors on peut se contenter de n'avoir qu'un seul bac ; dans d'autres où l'on met à part les plus belles cassonades blanches, pour les raisons que nous expliquerons dans la suite, on a deux bacs ; le second servant à recevoir les cassonades grises, ou qui sont un peu grasses. Au reste, les bacs pour les cassonades sont entiérement semblables à ceux qui servent pour les moscouades.

On roule les bariques du magasin, (*Planche II. Fig.* 1.) devant les bacs à sucre (*Fig.* 3.) ; on les dresse sur un de leurs bouts, puis on les casse comme nous allons le dire *.

## *Maniere de casser les Bariques, & de faire le tri.*

Les bariques étant dressées vis-à-vis les bacs sur un de leurs bouts, plusieurs Ouvriers emportent, avec une espece de couperet (*Planche II. Fig.* 4.) qu'on nomme *serpe* ; d'autres, avec un tire-clou ou pied de biche, (*Planche II. Fig.* 17.) détachent le cercle qui est arrêté avec des clous dans le jable ; ils enlevent le fond supérieur ; ensuite à grands coups de serpe, (*Fig.* 5.) ils coupent les cercles qui sont autour de la partie supérieure des bariques, à la réserve de deux ; ils retournent ensuite la barique sur l'autre bout ; ils enlevent le second fond, coupent les cercles, à la réserve des deux ci-dessus : & ils arrachent les clous qui les tiennent ; puis ils coupent ces deux cercles

* *Casser les bariques*, est le terme reçu dans les Rafineries, ainsi que *faire le tri*, pour dire trier les différentes especes de moscouade & de cassonade.

réservés

réservés vers la partie supérieure des bariques, laquelle se trouve pour lors en bas. Aussi-tôt les douves s'écartent par le poids du sucre qui tombe en un monceau.

Les mêmes Ouvriers ramassent les douves les unes après les autres, & ils les ratissent avec le tranchant de la serpe ou avec une truelle, pour en détacher le sucre qui y seroit resté attaché (*Pl.* II. *Fig.* 6.); & ils jettent à l'écart les cercles & les douves, qui serviront à allumer le feu sous les chaudieres.

Sur le champ d'autres Ouvriers, comme on en voit un *Fig.* 7, séparent avec des pelles (*Fig.* 8.), ou même avec les mains, les différentes qualités de sucre qui se trouvent dans les bariques; une même barique contient souvent du *deux*, du *trois*, du *quatre*, du *sept*, & du gras ou *barboude*. Autrefois on faisoit ce triage avec beaucoup de soin; mais maintenant on n'y apporte pas beaucoup d'attention. Les Ouvriers mettent avec leurs pelles chaque sorte de moscouade dans le bac qui lui convient: c'est ce qu'on appelle dans les Rafineries *faire le tri*, ou *trier le sucre*.

Pour terminer ce qui regarde cet article, supposons que chaque sorte de moscouades ou de cassonades est mise dans les bacs, & qu'on va commencer un rafinage. Il faut porter le sucre aux chaudieres; pour cela, on met vis-à-vis les bacs un bloc (*Fig.* 10.) & dessus un baquet *H*, (*Fig.* 9.) Deux Ouvriers mettent avec des pelles du sucre brut dans le baquet*, pendant que les autres successivement prenant le baquet plein comme on le voit (*Fig.* 11.) le portent aux chaudieres.

Dans le même endroit où sont les bacs, ou tout auprès, il y a la pile (*Fig.* 12.) pour mettre les cassonades blanches en poudre, & le crible (*Fig.* 13.) pour les passer; c'est ce qui nous a déterminés à représenter ces ustensiles sur la *Planche II*: mais comme ces sucres en poudre sont destinés à former le fond des pains, nous remettrons à en parler dans le lieu qui est destiné à décrire cette opération.

## *De l'Attelier (ou Halle aux Chaudieres), où l'on clarifie & où l'on cuit le Sucre.*

On se sert pour porter les moscouades ou les cassonades aux chaudieres, d'un baquet (*Pl.* II. *Fig.* 9.) fait de bois blanc & léger, cerclé de fer, & garni de deux anses par où deux hommes le prennent & le posent sur le bloc; & quand il est rempli par ceux qui ont les pelles en main, l'un tournant le dos au baquet, & l'autre le prenant devant lui, ils saisissent le baquet par le jable, comme on le voit, & ils le portent à la chaudiere.

* Il est tout aussi commode d'emplir les baquets avant de les poser sur le bloc: on est même moins exposé à répandre le sucre par-dessus les bords, & à fouler sous les pieds celui qui peut tomber.

On a mis devant la chaudiere (*Planche IV. Fig.* 1.) une planche *a*, appellée *collet*, échancrée circulairement d'un côté, pour embrasser la rondeur de la chaudiere ; & de l'autre côté, cette planche est taillée quarrément. Son usage est d'empêcher les baquets, qui ont une certaine pesanteur, d'endommager la table de plomb qui couvre la banquette au-devant des chaudieres. Dans quelques Rafineries on met une hausse *b* sur le collet, & les Ouvriers qui apportent les baquets remplis de sucre les posent sur cette hausse ; après quoi, ils montent sur des marche-pieds semblables à *c*, ils enlevent les baquets & versent le sucre dans la chaudiere. L'usage de cette hausse est tout-à-fait inconnu dans bien des Rafineries. Les mêmes *serviteurs* qui apportent le sucre dans des baquets, les posent sur le collet, puis ils l'enlevent eux-mêmes jusqu'au bord de la chaudiere, & le vuident en l'inclinant avec précaution. On épargne par-là deux hommes qui sont en pure perte montés sur les plombs ou sur des marche-pieds, pour attendre & vuider les baquets. C'est pour cela qu'il est avantageux que les chaudieres soient enfoncées en terre ; celles qui sont trop élevées exigent qu'on monte sur un gradin *c* : les chaudieres de la *Planche III.* sont assez basses pour qu'on puisse se passer des gradins, qui sont nécessaires pour servir les chaudieres de la *Planche IV.*

Lorsqu'on mêle avec le sucre brut des syrops fins qui se sont écoulés des sucres rafinés, on met sur la chaudiere (*Planche IV. Fig.* 4.) qu'on veut remplir, deux piéces de bois assemblées avec des entretoises (*Fig.* 5.) sur l'évasement qui est au-dessus de cette chaudiere ; ces piéces se nomment *le porteur* ; & on arrange dessus six pots remplis de syrop, afin qu'ils aient le tems de s'égouter dans la chaudiere chargée déja de son eau de chaux ; car l'eau de chaux se met avant tout dans les chaudieres. L'eau de chaux demande un détail particulier; mais auparavant il est à propos de donner une idée générale de la disposition de l'attelier où sont les chaudieres destinées soit pour clarifier, soit pour cuire le sucre, tel qu'il est représenté dans la *Planche III*, dessinée avec beaucoup de soin par M. *Des Friches*, qui joint à une grande sagacité pour le dessein, beaucoup de connoissances sur l'Art que nous traitons.

## *Description de l'Attelier où sont les Chaudieres.*

On voit dans cet attelier (*Planche III & IV. Fig.* 6.) une ou deux grandes cuves qui servent à faire l'eau de chaux : on les nomme pour cette raison *bacs à chaux*. Dans quelques Rafineries, le bac à chaux est un bassin de maçonnerie: on se procureroit une grande commodité, si ce bassin pouvoit être assez élevé pour qu'étant percé au tiers de sa hauteur, l'eau de chaux pût se rendre par un tuyau dans les chaudieres.

Comme cet attelier doit être tout près de celui où sont les bacs à sucre, on voit dans la *Planche III. Fig.* 11, la porte qui communique de l'un à l'autre, & un serviteur qui remporte un baquet vuide : cette même porte est représentée, *Planche II. Fig.* 11, avec deux serviteurs qui portent un baquet plein. Il est bon aussi d'avoir auprès du même endroit *l'empli*, c'est-à-dire, l'endroit dans lequel on met le sucre dans les formes : on voit cet *empli* (*Planche III.*) par l'ouverture de la porte n°. 13. Nous expliquerons dans la suite les opérations qui s'y font.

Dans les Rafineries, il y a quatre chaudieres faites de feuilles de cuivre assemblées avec des clous rivés ; le fond qui est la seule partie exposée au feu, doit être d'une seule piéce fort épaisse : deux de ces chaudieres sont destinées à clarifier le sucre ; une seule à cuire le sucre clarifié. Dans plusieurs Rafineries, il n'y a que ces trois chaudieres ; dans d'autres, une quatriéme qui sert à passer & à *raccourcir*, c'est-à-dire, à concentrer les écumes ; & au défaut de cette quatriéme chaudiere, on *fait les écumes* (c'est le terme usité) dans une de celles à clarifier.

N°. 1. (*Planche III.*) représente une chaudiere à clarifier, qui n'est point bordée. Le n°. 2, une autre chaudiere à clarifier, mais qui est bordée.

N^a^. Que la partie perpendiculaire qu'on voit sur le derriere des chaudieres, n°^s^. 1, 3, 4, est de cuivre, & qu'elle est jointe avec les chaudieres, comme on le voit dans la *Planche IV. Fig.* 7. On augmente presque du double la capacité des chaudieres, en mettant sur le devant une bordure ceintrée qui est de feuilles de cuivre rivées sur une barre de fer : c'est ce qu'on appelle *la bordure* ou *le bord*, qui se joint avec la chaudiere au moyen des crampons de fer qu'on voit dans la *Planche IV. Fig.* 8. On la voit en place dans *les Planches II. & IV.*

On voit encore à la partie postérieure des chaudieres montées, une espece d'évasement en forme d'entonnoir : comme cette partie qu'on nomme le *glacis* ou *œuvage* n'est point exposée au feu, elle est revêtue de plomb ; elle sert à rejetter dans les chaudieres le sucre fondu qui pourroit se répandre, & à contenir les écumes qui, en se gonflant trop, se répandroient par-dessus les bords des chaudieres ; c'est pour cette raison que dans plusieurs Rafineries, on met sur cette bordure un second bord (*Planche IV. Fig.* 1.), garni de deux oreillons qui s'étendent sur le glacis ou évasement garni de plomb. Dans les Rafineries où l'on ne fait point usage de cette seconde bordure, on emploie un boudin de toile bourré de paille, & mouillé (*Planche IV. Fig.* 22.) qu'on pose sur la premiere bordure, quand on voit que l'écume monte & qu'elle est sur le point de se répandre par-dessus la chaudiere.

Quoique ces bordures joignent assez exactement, on insere dans les joints des chiffons de vieille toile, qui empêchent que le sucre fondu ne suinte. Ces chiffons s'appellent *loques* en terme de Rafinerie. On clarifie le sucre dans les chaudieres 1 & 2.

La chaudiere 3. ſert pour *raccourcir*, ou en terme de l'art, pour *faire les écumes*. Nous avons dit qu'il y a pluſieurs Rafineries où cette chaudiere manque: en ce cas, on fait les écumes dans une des chaudieres à clarifier. La chaudiere aux écumes eſt repréſentée en particulier dans *les Planches* III. *&* IV. nº. 3.

Les nºs. 4. *des Pl.* III *&* IV, repréſentent la chaudiere à cuire; on n'ajoûte point de bordure à celle-ci; on voit auprès de cette chaudiere un Contremaître qui tient de la main gauche un *bâton de preuve*, qu'il prend de la droite pour connoître ſi le ſucre eſt à ſon degré de cuiſſon.

On voit au nº. 5 *Planche* III, une chaudiere qui n'eſt point montée ſur un fourneau, mais qui, à raiſon de ſa grande profondeur, eſt enfoncée en terre & ſcellée dans une maçonnerie ſolide. On la nomme *chaudiere à claire* *, parce qu'on met dedans le ſucre clarifié juſqu'à ce que la chaudiere à cuire ſoit en état de le recevoir. On a repréſenté cette chaudiere en particulier dans la *Planche IV. Fig.* 9, afin qu'on puiſſe voir comment on y établit un pannier, dans lequel eſt un drap ou blanchet qui ſert à filtrer & achever de dépurer la clairce. On tient cette chaudiere couverte avec une ſerpilliere ou un couvercle de planches, pour que la pouſſiere du charbon ne puiſſe y tomber & ſalir la clairce, comme on le voit dans la *Planche* III. *Fig.* 5.

Toutes ces chaudieres, excepté celle à clairce, laquelle contient ſeule trois & quatre fois autant que chacune des autres, ſont à peu-près de même grandeur; elles ſont preſque cylindriques, & ont environ quatre pieds quatre pouces de diametre en-dedans; leur fond eſt plat; elles peſent environ trois cents livres; les planches qui en forment les bords, ont trois quarts de ligne d'épaiſſeur; mais le fond eſt épais de deux lignes. Autant qu'il eſt poſſible, on établit la chaudiere à clairce tout auprès de celle à cuire, pour qu'on puiſſe promptement & commodément remplir la chaudiere à cuire; il y a même quelquefois une eſpèce de *bache* ou *dalle*, dans laquelle on verſe la clairce qui ſe rend dans la chaudiere à cuire par un tuyau qui y communique.

Les éminences en dos de bahut, *d* (*Planche III. & IV.*) qui ſont entre les chaudieres, ſe nomment les *coffres*. Ils ſont formés par les glacis ou entonnoirs de plomb qui ſont à la partie poſtérieure des chaudieres; & intérieurement ils contiennent les ventouſes dont nous parlerons dans la ſuite. Sur un de ces coffres, entre les chaudieres nº. 2. & 3. *Planche III*, eſt établie la dalle qui ſert à conduire le ſyrop clarifié des chaudieres à clarifier, dans la chaudiere à clairce. On verſe avec une grande cuiller nommée *pucheux*, *Planche IV. Fig.* 13. le ſyrop clarifié dans le baſſin *A* de la dalle *Planche IV. Fig.* 15. qui fait l'office d'entonnoir; le ſucre clarifié étant conduit par le tuyau *B* de la dalle, ſe rend par ſa propre pente ſur le blanchet qui couvre la chaudiere à clairce,

* Le mot *clairce* eſt en uſage dans les Rafineries: il exprime en un ſeul mot *le ſyrop clarifié*.

*Planche IV.*

*Planche* IV. *Fig.* 9. On voit toutes ces choſes dans leur ſituation ſur la *Planche* III.

Le devant des chaudieres & des coffres forme une platte-bande *ee*, *Planche* IV, ou une banquette dont le devant eſt bordé d'un gros boudin, qui s'éleve d'environ trois pouces; & le tout eſt recouvert d'une table de plomb qui s'incline un peu par un ruiſſeau vers des trous *ff*, *Planche* IV. qui ſont entre les chaudieres : tout cela ſe voit ſur le plan en perſpective de la *Planche* III. Ces trous qu'on nomme des *poëles* ou *écuelles*, ſont revêtus de cuivre, & figurés en timbales comme les poëles des confiſeurs. Cette diſpoſition eſt très-bien entendue pour recevoir le ſucre qui ſe gonfle, & qui paſſe aſſez ſouvent pardeſſus les bordures quand on clarifie ; ou même le ſucre clarifié, lorſqu'il paſſe par-deſſus les bords de la chaudiere à cuire.

En *g*, *Pl.* IV. ſont les ouvertures pour les cendriers, & l'on voit à côté les portes par leſquelles on met le charbon ſous les chaudieres, & qui répondent à la fournaiſe. Tout cela ſe voit encore très-clairement dans la *Planche* III. Néanmoins ceci ſera éclairci quand nous détaillerons comment les chaudieres ſont montées ſur leur fourneau.

Au n°. 9. *Planche* IV, eſt un tas de charbon de terre, & un ſerviteur qui en ramaſſe avec une pelle creuſe, *Planche* IV. *Fig.* 16. pour le jetter dans les fourneaux. Il y a toujours, dans ces atteliers, un gros tas de charbon de terre : car on ne chauffe point les chaudieres avec du bois.

N°. 10. *Planche* III, eſt une futaille dans laquelle on met le ſang de bœuf qui ſert à clarifier le ſucre. On le met ſouvent hors de l'attelier à cauſe de ſa mauvaiſe odeur.

La fumée des fourneaux ſe diſſipe par les cheminées cottées 11, *Planche* IV. Mais il s'échappe des chaudieres une telle quantité de vapeurs, que quand l'air eſt épais, & que le feu eſt allumé ſous les quatre chaudieres, à peine voit-on clair : c'eſt pourquoi il n'y a point de plancher au-deſſus des chaudieres. On pratique même au toît des lucarnes en demoiſelles, no. 12. *Planche* III, qui ſont deſtinées à faciliter la diſſipation des vapeurs.

Au n°. 18. *Planche* III. *&* IV, ſont des eſpéces de rabots, comme ceux dont ſe ſervent les mâçons pour bouler leur mortier ; il y en a de différentes formes : tous ſervent à remuer la chaux dans le bac. On les nomme *mouve-chaux*, ou *mouverons du bac à chaux.*

Au n°. 14, *Planche* III, eſt la porte d'une étuve.

Maintenant qu'on a une idée générale de la diſpoſition des différents uſtenciles qui doivent meubler la halle aux chaudieres, nous allons entrer dans quelques détails, & nous commencerons par expliquer comment les chaudieres ſont montées ſur leurs fourneaux.

## *Etabliſſement des Chaudieres.*

On voit en *h*, *Planches* III. & IV, les portes par leſquelles on met le feu ſous les chaudieres, & en *g* une arcade qui conduit au cendrier. Comme les chaudieres ne reçoivent l'action du feu que par le fond, il faut imaginer qu'elles ſont reçûes dans un maſſif de maçonnerie, comme on le voit en *A*, *Planche* V. *Fig.* 3. *B* eſt la fournaiſe dans laquelle brûle le charbon de terre qu'on jette par la porte C.

On ſçait que le charbon de terre ne brûle point, s'il n'eſt continuellement animé par un courant d'air. C'eſt pourquoi on le jette ſur une grille de fer, ſous laquelle il y a un grand cendrier de cinq pieds de profondeur *D*, *Fig.* 3. qui reçoit l'air extérieur par une gallerie *EF*, *Planche* V. *Fig.* 1, qui aboutit à l'arcade 9, *Planche* IV. Pour concevoir la diſpoſition de ces galleries, il faut lever les planches n°. 9, *Planche* IV, qui ſont vis-à-vis les arcades dont nous venons de parler. Alors on découvre des enfoncemens *E*, *Planche* V. *Fig.* 1, dans leſquels on deſcend avec une échelle pour appercevoir les embranchemens ou galleries *F*, qui vont répondre au cendrier *D*, qui eſt ſous la fournaiſe *B*, *Fig.* 3. On deſcend effectivement dans les cavités *E*, pour retirer avec un crochet ou fourgon les cendres qui ſe ſont amaſſées dans les cendriers *D*, *Planche V. Fig.* 1 & 3, en les attirant dans l'enfoncement *E*, par les embranchemens *F*, qui ont dix-huit à dix-neuf pouces de largeur ſur deux pieds de hauteur ſous clef: on conçoit que les Galleries *EF*, fourniſſent une grande quantité d'air qui anime le feu poſé ſur les grilles en *B*, *Fig.* 2 & 3.

Tous ces embranchemens *F*, ſont voûtés en brique; mais les cavités *E* qui ont environ trois pieds de largeur ſur cinq de profondeur, ſont couvertes par des planches, comme on le voit *Planche* IV; ou bien on les couvre avec des grilles pour que l'air entre encore plus librement dans les galleries. Quand on s'apperçoit que le feu ne brûle pas avec aſſez d'ardeur, il faut donner entrée à l'air des cendriers; & pour cela, on paſſe un crochet de fer, *Planche* IV. *Fig.* 17. entre les barreaux qui forment la grille de la fournaiſe *B*. Ces barreaux ont trois pouces & demi de groſſeur.

Pour finir le fourneau, il ne reſte plus qu'à donner une iſſue à la fumée. On pratique pour cet effet, dans le maſſif de la maçonnerie, des tuyaux circulaires G, *Planche V. Fig.* 2. d'un pied de hauteur ſur ſix pouces de largeur, qu'on nomme *ventouſes* ou *évents*. Ils partent des fournaiſes *B*, *Planche* V. *Fig.* 2, & vont aboutir aux cheminées *H*, qui ont vingt-huit pouces de largeur ſur dix-huit d'épaiſſeur. Il y a trois ventouſes à chaque fourneau; & en certains endroits, elles paſſent les unes au-deſſus des autres, *G*, *Fig.* 3 & 4.

Enfin, les bouches extérieures, *Planches* III. & IV, qui ont dix-huit à vingt pouces d'ouverture, & qui font fortifiées par de bonnes barres de fer, font fermées par des portes de fer battu.

La difpofition que nous venons de donner pour exemple étant pour trois fourneaux, celui du milieu reçoit deux galleries, & fes ventoufes aboutiffent à deux cheminées. Mais quand il y a quatre chaudieres, chaque fournaife ne reçoit l'air que d'une feule gallerie; ce qui exige un petit changement dans la conftruction: on l'imaginera aifément.

*Des Bacs à Chaux; & des opérations qui y ont rapport.*

L'EAU DE CHAUX eft une fubftance âcre & alcaline, qui a beaucoup d'affinité avec les matieres graffes ou muqueufes, avec lefquelles elle fait une fubftance favoneufe: c'eft pour cette raifon qu'on en fait grand ufage en Chymie, pour dégraiffer les fucs dépurés des plantes lorfqu'on veut en retirer les fels effentiels. C'eft auffi dans cette vûe, que pour dégraiffer le fucre fondu, ou emporter ce qu'il a de plus vifqueux ou muqueux, & faciliter la féparation du grain, on en fait un grand ufage dans les Rafineries. Une de fes propriétés eft de donner plus de corps à l'écume, qui, fans cela, fe préfente beaucoup plus molle; enforte qu'elle eft fujette à paffer au travers des trous de l'écumereffe; au lieu qu'avec le fecours de cette eau de chaux l'écume eft plus épaiffe, plus détachée, &, fi l'on peut fe fervir du terme, *plus grainée:* alors l'écumereffe la retient aifément. Mais fa propriété la plus effentielle eft de rendre le fyrop clarifié moins huileux, moins filant, & de lui donner par-là, lorfqu'il eft clarifié & cuit, la facilité de former fon grain. Sans elle plufieurs matieres, même affez blanches, ne produiroient dans les chaudieres de l'empli & dans les formes, qu'une pâte épaiffe, pleine d'un grain très-fin, très-mollet, dont le fyrop auroit beaucoup de peine à fe féparer.

Voici comment on fait l'eau de chaux: On établit (*Planche* III. *ou* IV. *Fig. 6.*) fous le robinet qui vient du réfervoir, ou tout auprès de ce réfervoir, une grande cuve de bois de chêne cerclée de fer; elle a ordinairement neuf pieds de profondeur fur fix pieds de diametre en-dedans: *Voy.* au bas de la *Planche* IV. *Fig. 6.* Elle entre en terre de fix pieds, étant reçue dans un maffif de maçonnerie qui a fept à huit pouces d'épaiffeur; & elle excede le terrein de trois ou quatre pieds. On met dans cette cuve qu'on nomme *le bac à chaux*, environ foixante poinçons d'eau, avec douze mines de chaux vive. On mouve & on braffe l'eau & la chaux, avec un mouveron (*Planches* III. & IV. *Fig.* 18.) qui eft fouvent cette efpèce de bouloir ou de rabot, dont les Maçons fe fervent pour faire leur mortier; & l'on mouve tous les foirs, pour que l'eau ait le tems de s'éclaircir pendant la nuit: car il ne faut point que l'eau qu'on met dans les chaudieres foit trouble. C'eft pourquoi quand on travaille beaucoup, on a quelquefois, outre le grand bac à chaux, (*Planche* III. n°. 6.) un petit bac n°. 7. qu'on voit au-dessous du grand, *Planche* III. On le remplit d'eau de chaux claire, avant de mettre de nouvelle eau & de nouvelle chaux dans le grand bac : car on peut compter qu'il faut environ une mine de chaux pour clarifier une chaudiere de sucre.

De tems-en-tems on vuide le grand bac, & l'on jette dans un trou qui est dans la cour, la chaux qui s'est amassée au fond : elle peut servir à faire du mortier pour les Maçons, quoiqu'on prétende qu'elle soit moins bonne que celle qui n'a pas été lavée.

J'ai déja dit que dans des Rafineries nouvellement établies, on avoit fait le bac à chaux en maçonnerie ; & que quand il étoit possible de l'établir plus haut que les chaudieres, comme feroit le réservoir *A*, *Planche* IV, on pouvoit conduire l'eau dans les chaudieres par des tuyaux : ce qui épargnoit beaucoup de travail. Mais il ne faut prendre l'eau de chaux qu'au tiers de la hauteur du réservoir, afin qu'elle soit claire & qu'il ne s'y mêle point de parties terreuses. On a quelquefois fait usage d'une pompe pour élever l'eau du bac établi trop bas ; mais il faut que le bas de la pompe ne descende gueres plus bas que la moitié de la profondeur du réservoir ; autrement elle troubleroit l'eau.

## *Comment on charge les Chaudieres.*

Nous supposons qu'on a mis en place le collet *a*, *Planche* IV. *Fig.* 1. vis-à-vis la chaudiere qu'on veut charger. On place aux deux côtés de la bouche du fourneau des marche-pieds semblables à *c* (*) ; deux serviteurs montent sur ces marche-pieds pour verser l'eau de chaux dans la chaudiere, pendant que les autres apportent l'eau de chaux dans des baquets *Fig.* 23, les tenant par les anses, comme on le voit *Planche* IV. *Fig.* 24. A mesure que ceux-ci arrivent, ils posent leurs baquets sur le collet *a*, & les deux serviteurs versent l'eau dans la chaudiere, qui n'est garnie que de sa premiere bordure, comme est celle de la *Fig.* 2 : car on ne met la seconde bordure *Fig.* 1, que quand le bouillon s'éleve.

On remplit ainsi la chaudiere d'eau de chaux, jusqu'aux environs des deux tiers de sa hauteur, ou six pouces au-dessous de son bord, non compris la bordure : car il faut à peu-près le même poids d'eau de chaux que de sucre brut.

On apporte ensuite la moscouade ou la cassonade dans des baquets à anses, portés par deux hommes (*Planche* II. *Fig.* 11.) & l'on acheve d'emplir la chaudiere presque jusqu'au haut de la bordure. Mais ici les deux serviteurs qui ont apporté le baquet, le posent sur le collet, montent eux-mêmes sur

* Quand les Chaudieres sont basses, on se passe de marche-pieds.

les marche-pieds,

les marche-pieds, & versent la moscouade dans l'eau de chaux, l'élevant fort haut, non-seulement pour que le sucre se mêle avec l'eau de chaux, mais encore pour ne point endommager la bordure des chaudieres, comme cela arriveroit si l'on posoit les baquets dessus.

Quand on a des syrops fins qui doivent rentrer dans le sucre, on met sur une chaudiere, par exemple, *Fig.* 4, *Planche* IV, le Porteur, *Fig.* 5, & on renverse dessus les pots remplis de syrop, comme on le voit à la chaudiere de la *Fig.* 4, où l'on a supprimé la bordure, pour laisser mieux appercevoir la position du Porteur & des pots qui s'égoutent.

Quelques contre-Maîtres mettent du sang dans la chaudiere avec la moscouade, & font brasser le sang avec la moscouade dans la chaudiere avant d'y mettre l'eau de chaux. Je m'abstiendrai de blâmer cette pratique, qu'on prétend être justifiée par nombre d'expériences. Mais je ne puis me dispenser de dire qu'il sembleroit plus à propos de ne mettre le sang que quand la chaudiere est prête à bouillir; car quand on ne met le sang que lorsque le bouillon commence, l'eau de chaux ayant fait avec la partie grasse du syrop des molécules savoneuses, le sang qu'on jette dans le bain qui est fort chaud, se cuit & forme comme un rézeau qui rassemble toutes les molécules savoneuses, & les porte à la superficie en écumes: ce qui doit faire une parfaite clarification; au lieu que quand on met le sang avant l'eau de chaux, la chaux agissant en même-tems sur la graisse du sucre, & sur celle du sang, son action sur la partie visqueuse du syrop en est diminuée. Au reste, j'avoue qu'il faut pour avoir confiance à cette théorie, qu'elle soit confirmée par l'expérience; & j'ai déja dit qu'il y a des Rafineurs qui se croyent assez fondés en expériences pour penser différemment: cependant je puis supposer sans inconvénient, qu'on ne met pas le sang dès le commencement avec l'eau de chaux, & suivre les opérations du Rafineur pour indiquer comment on conduit la clarification.

## *Maniere de clarifier le Sucre.*

PENDANT que les pots de syrop s'égoutent, on met du bois clair dans le fourneau: ce sont quelquefois les cerceaux & les douves des barriques qui contenoient le sucre. On y met le feu, & l'on jette dessus du charbon pour faire un bon feu sous la chaudiere; ce que l'on continue pendant une heure ou une heure & demie, ou plutôt jusqu'à ce que le sucre commence à monter.

Pendant la premiere demi-heure, on *mouve* continuellement le sucre pour faire fondre la moscouade, & empêcher que se précipitant & s'attachant au fond de la chaudiere, elle ne brûle. Pour mouver ainsi le sucre *, on se sert

* Dans les Rafineries, on appelle *sucre* la liqueur qui contient le grain, & qui est véritablement un syrop, puisque le syrop n'est autre chose que du sucre fondu dans de l'eau: on a conservé le terme de *syrop*, pour la liqueur qui s'égoute du grain.

d'une grande ſpatule de bois (*Planche* IV. *Fig.* 12.), qui a preſque la forme d'un aviron, & qu'on nomme *mouveron*. Il a environ huit pieds de longueur, & la pale a ſix pouces de largeur.

Quand la chaudiere commence à s'échauffer, ſi l'on n'a pas mis le ſang d'abord avec l'eau de chaux, on verſe dedans & de fort haut, un petit ſeau de ſang de bœuf, & l'on continue de faire agir le mouveron.

On ceſſe de mouver, & le ſyrop monte ; c'eſt-à-dire, que du fond de la chaudiere s'excitent des vapeurs, qui font paroître de tems-en-tems quelques frémiſſements. Alors on met la ſeconde hauſſe (*Planche* IV. *Fig.* 1.) : car la premiere a été placée avant de charger la chaudiere, comme on le voit *Fig.* 2 ; deſorte que quand on met la ſeconde hauſſe, la chaudiere eſt pleine preſque juſqu'au bord de la premiere hauſſe. Elle ſe trouve donc aggrandie de toute la hauteur de cette hauſſe ; & la ſeconde ſert à empêcher le bouillon de paſſer par-deſſus cette chaudiere, & de ſe répandre ſur la banquette.

Quand on a mis la ſeconde hauſſe, & qu'on s'apperçoit que le ſucre eſt prêt à jetter ſes premiers bouillons, on diminue le feu en le pouſſant vers un des évents, & en jettant deſſus du charbon mouillé avec la pelle creuſe (*Planche* IV. *Fig.* 16.) & même de l'eau avec le pucheux ou la grande cuiller, *Fig.* 13. Il eſt important de diminuer beaucoup le feu, pour que le ſucre ne faſſe que frémir ; car s'il bouilloit à gros bouillons, les écumes ſe mêleroient avec le ſucre, & la clarification ſeroit manquée, ou au moins on auroit peine à les en ſéparer. Il faut de plus que le peu de feu que l'on conſerve, ſoit d'un côté de la chaudiere, afin que le petit bouillon qui s'éleve de ce côté-là, pouſſe les écumes du côté oppoſé, où elles ſe raſſemblent juſqu'à s'élever plus haut que la ſeconde bordure.

On laiſſe donc monter les écumes ; & quand elles ſont bien élevées, on éteint entiérement le feu en jettant de l'eau deſſus avec le pucheux ; c'eſt pourquoi on a ſoin qu'auprès des chaudieres il y ait toujours des baquets pleins d'eau : on en voit un auprès du petit bac à chaux dans la *Planche* III, avec un pucheux dans ce baquet.

Quand le feu eſt éteint, les écumes s'affaiſſent ; elles diminuent d'épaiſſeur ; elles ſe raffermiſſent, ou, en terme de l'art, elles ſe *ſechent :* ce qui exige un bon quart-d'heure. Alors ſi la chaudiere eſt élevée, on en approche un marche-pied ſemblable à *c*, (*Planche* IV.) pour élever le Clarifieur qui va lever les écumes avec une grande écumoire de cuivre, *Fig.* 14, qu'on nomme *écumerette* ou *écumereſſe*. Cet inſtrument ſe manie à deux mains, & avec douceur pour ne point brouiller les écumes avec le ſucre. On paſſe donc l'écumereſſe ſous la couche d'écume ; on la ſouleve, & on la porte ſur un baquet, comme on le voit *Planche* IV, vis-à-vis la chaudiere *Fig.* 2. Ce baquet *k* eſt ainſi placé ſur la banquette vis-à-vis les chaudieres. On appuie le manche de l'écumereſſe ſur une des anſes du baquet; & la tournant ſur le tranchant, on laiſſe quelque tems l'écumereſſe s'égouter dans le baquet. On voit devant la chaudiere n°. 2, un Clarifieur en attitude. Il ramaſſe avec ſoin toutes les parcelles d'écume; il gratte même avec ſon écumereſſe les portions d'écume qui ſe ſont attachées à la chaudiere au-deſſus du niveau du ſucre; & il met le tout dans le baquet, qu'un ſerviteur dans l'attitude repréſentée par la *Planche* IV. *Fig.* 24, porte dans une chaudiere roulante pour en retirer le ſyrop fin, quand on en a raſſemblé une certaine quantité, ainſi que nous l'expliquerons dans la ſuite. Dans les Ráfineries où il y a quatre chaudieres montées, on paſſe tout de ſuite les écumes dans une de ces chaudieres, & on les raccourcit ſur le champ: ceci s'éclaircira dans la ſuite. Je reviens au ſyrop qu'on clarifie.

Après qu'on a levé les premieres écumes, le Clarifieur examine ſi ſa *clairce* eſt bien clarifiée; pour cela il plonge ſon écumereſſe, dans la chaudiere; il la retire; il la laiſſe un moment ſe rafraîchir un peu en la tenant à plat; puis la mettant ſur le tranchant, il examine ſi la nappe de ſucre liquide qui coule de l'écumereſſe eſt bien claire; car en l'oppoſant au jour, il ne doit point paroître de parcelles d'écume, ni de nébuloſités.

Le ſucre n'eſt jamais parfaitement clarifié après la levée des premieres écumes; on acheve la clarification en donnant ce qu'on appelle *des couvertures:* ce qui ſe fait en mêlant dans un baquet un peu de ſang avec de l'eau de chaux. On verſe de fort haut ce mélange dans le ſucre; on mouve avec le mouveron; on laiſſe un peu de feu ſe rallumer vers un des côtés pour faire remonter une ſeconde écume, qu'on laiſſe ſe ſécher comme la premiere, & qu'on enleve de même, ce qu'on répete juſqu'à ce que la nappe qui coule de l'écumereſſe ſoit très-tranſparente. On prend auſſi de ce ſyrop dans une petite cuiller à couvrir, bien nette, dont on doit voir le fond au travers le ſucre, auſſi net que s'il n'y avoit rien dans cette cuiller.

J'ai vû des Clarifieurs qui terminoient leur clarification en verſant dans le ſucre un ſeau ou deux d'eau de chaux, ſans mélange de ſang. Ils rallument le feu, puis ils le diminuent, pour laiſſer former une écume légere qu'ils enlevent comme les premieres; & s'ils apperçoivent des parcelles d'écume qui roulent dans le ſyrop, ils donnent le feu un peu vif pour les déterminer à monter à la ſuperficie du ſucre; mais ils finiſſent toujours par ralentir le feu, afin que les écumes ſe forment tranquillement.

Quand le ſucre liquide eſt bien clarifié, on prend la dalle (*Planche* IV. *Fig.* 15.) On établit ſon baſſin ſur un des coffres qui ſont entre les chaudieres, ainſi qu'on le voit *Planche* III, entre les chaudieres 2 & 3, & l'on en fait aboutir le tuyau à une chaudiere, qu'on nomme *la chaudiere à clairce* n°. 5. Il eſt aiſé de concevoir qu'en verſant avec un pucheux le ſyrop clarifié dans le baſſin de la dalle, ce ſyrop ſe rend par le tuyau dans la chaudiere à clairce, qui a ordinairement ſix pieds de diametre ſur ſix pieds de profondeur. Mais pour retenir toutes les impuretés de la clairce, on établit ſur la chaudiere à clairce deux barreaux de fer qui la traverſent, & qui ſoutiennent un grand panier d'oſier, qu'on nomme *panier à paſſer;* on double ce panier d'un blanchet au travers duquel la clairce qui coule de la dalle ſe filtre, en y dépoſant le ſable qui ſe trouve dans la moſcouade, & les petites impuretés qui peuvent échapper à la vigilance du Clarifieur. La diſpoſition du panier & du blanchet ſur la chaudiere à clairce, ſe voit *Planche* IV. *Fig.* 10.

Le *blanchet* eſt un morceau de drap blanc, bien foulé & bien drapé. Peu-à-peu ce drap s'encraſſe, & le ſucre ne paſſe plus; dans ce cas il faut en ſubſtituer un autre, après avoir enlevé avec une cuiller, toutes les parcelles d'écume qui ont été retenues par le blanchet: on jette ces ſubſtances chargées d'écume dans la chaudiere aux écumes.

Dans quelques Rafineries, on a pluſieurs morceaux de drap coupés de la grandeur des paniers; & on en ôte un pour y en ſubſtituer un autre. Dans d'autres Rafineries, c'eſt une grande piéce de drap qui a cinq quarts de largeur, & douze à quinze toiſes de longueur: on la plie en zig-zag dans une caiſſe, comme on le voit (*Planche* IV. *Fig.* 10.) Et quand une portion eſt encraſſée, on la tire vers *a*, alors une autre portion de la piéce ſe trouve ſur le panier. Dans l'un & l'autre cas les bords du drap doivent retomber ſur le dehors du panier, & on les retient avec des crampons ou crochets de fer *c*. Ordinairement à meſure que les blanchets s'encraſſent, on les fait tomber dans une chaudiere roulante qui eſt miſe à côté de la chaudiere à clairce, & qui eſt remplie d'eau pour décraſſer le blanchet.

Pour fortifier les blanchets, on les borde avec un demi-lez de groſſe toile: cette bordure a huit à neuf pouces de largeur.

On porte à la riviere les blanchets encraſſés pour les y laver; après quoi on les étend dans quelques-unes des galeries de la Rafinerie, où ils reſtent pour ſécher juſqu'à ce qu'on en ait beſoin; car le ſucre ne coule pas ſi bien à travers les blanchets mouillés.

Quoique l'âcreté de l'eau de chaux ſoit diminuée par la graiſſe du ſang & du ſucre, les blanchets ne laiſſent pas d'en être endommagés, ainſi que par la chaleur du ſucre. Ils le ſont encore beaucoup plus lorſqu'on les laiſſe longtems dans la chaudiere où nous avons dit qu'on les jette; car l'eau chargée de ſucre fermente; elle s'aigrit & endommage les blanchets au point de les mettre hors d'état de ſervir. Ces différentes raiſons obligent de les renouveller aſſez fréquemment. Comme ils ſont plus endommagés par le milieu

que par

que par les bords, on pourroit les couper en deux, & coudre enſemble les deux bords, qui alors ſe trouveroient au milieu. Ils pourroient ſervir encore en cet état quelque tems : car un blanchet qui a perdu tout ſon poil, ne filtre plus comme il faut.

Quand la clairce eſt filtrée, il reſte à la cuire : ainſi il faut la tranſporter dans la chaudiere cottée 4, *Planche* III. Cela ſe fait aiſément & promptement avec un pucheux, quand la chaudiere à clairce n°. 5. eſt tout auprès de la chaudiere à cuire cottée 4, *Planche* III. Mais le terrein ne permet pas toujours d'uſer de cette commodité ; en ce cas la chaudiere à clairce eſt détachée des chaudieres à cuire, comme *Pl.* IV. *Fig.* 10 & 16. Cette derniere figure repréſente une coupe perpendiculaire de la chaudiere à clairce. Il faut alors porter aſſez loin la clairce pour la mettre dans la chaudiere à cuire : pour ne point perdre de ſucre, on met auprès de la chaudiere à clairce une eſpece de canap *A*, qu'on nomme *une chaiſe*, qui eſt couverte d'une table de plomb, dont une partie remonte ſur le dos de la chaiſe, & retombe en bavette dans la chaudiere : au milieu du ſiége de la chaiſe eſt un trou, ſous lequel on met un pot à ſyrop *B*, pour recevoir celui qui ſe répand : c'eſt ſur cette chaiſe qu'on poſe les baſſins C, que le Clarifieur remplit avec un ſeau, comme nous allons l'expliquer.

On voit en *N*, *Planche* IV. *Fig.* 10, un ſeau qui pend par l'anſe à un crochet, placé au bas du panier à paſſer. Le Clarifieur prend le ſeau pour puiſer la clairce, & en remplir les baſſins ; mais quand il a vuidé en partie la chaudiere à clairce, cette chaudiere eſt trop profonde pour qu'il puiſſe y puiſer le ſucre clarifié ; alors il paſſe dans l'anſe du ſeau un crochet *D*, *Fig.* 16 ; il puiſe le ſucre ; il remonte le crochet, & il l'arrête au bord de la chaudiere par un autre crochet qui s'y agraffe ; & le ſeau étant ainſi à portée d'être ſaiſi avec la main, il le prend de la main gauche, & verſe la clairce dans le baſſin qu'un ſerviteur prend devant lui, comme on le voit *Planche* IV. *Fig.* 25 : & ce ſerviteur va verſer le ſucre clarifié dans la chaudiere à cuire.

## *Digreſſion ſur la maniere de clarifier.*

Il y a en général trois manieres de clarifier une liqueur quelconque. On peut clarifier par *précipitation*, ou par *filtration*, ou par *élévation*. Je parle ici de la clarification en général, & non pas particuliérement de celle qui convient au ſucre.

Les Ciriers ou les Chandeliers clarifient la cire ou le ſuif, en laiſſant les corps étrangers plus peſants que ces matieres, tomber ou ſe précipiter au fond des vaſes où on les entretient long-tems dans un état de fuſion, pour que les ſubſtances étrangeres aient le tems de tomber. Les liqueurs qu'on peut laiſſer long-tems en repos, ſe clarifient auſſi d'elles-mêmes par précipitation: c'eſt ainſi que la lie ſe précipite au fond des futailles remplies de vin, de bierre, de cidre, &c. de même que le marc du caffé. Souvent pour faciliter la précipitation des matieres qui ſont à peu-près de même péſanteur ſpécifique que les liqueurs qu'on laiſſe ſe clarifier, on mêle avec ces liqueurs des blancs d'œufs ou de la colle de poiſſon, qui d'abord s'étendent ſur la ſuperficie de la liqueur, & y font une eſpece de nappe qui ſe précipite peu-à-peu au fond, & entraîne avec elle les corps étrangers. C'eſt ainſi qu'on clarifie le vin & la bierre que l'on colle: on clarifie de même le caffé avec un peu de corne de cerf. Mais il faut que la liqueur qu'on veut clarifier, ſoit moins peſante que les œufs, ou la colle de poiſſon, ou la corne de cerf; ſans quoi ces ſubſtances flotteroient continuellement deſſus les liqueurs, & celles-ci ne ſeroient point clarifiées.

Cette maniere de clarifier ne convient point au ſucre; il faudroit laiſſer la clairce refroidie ſéjourner fort long-tems dans des vaſes: elle s'y aigriroit, & ſeroit en partie perdue. Je ne ſçai pas même ſi les œufs, la colle, &c. ſont ſpécifiquement plus péſants que le ſucre fondu.

La clarification ſe fait encore par filtration; par exemple, lorſqu'on paſſe le vin ſur des rapés de grains ou de copeaux, & d'autres liqueurs par des manches ou chauſſes d'hypocras, par des éponges, du coton, ou des feuilles de papier gris. Cette maniere de clarifier ne convient gueres aux ſubſtances épaiſſes & viſqueuſes; ou ſi l'on veut alors y avoir recours, il faut ſe ſervir de filtres qui n'aient pas les pores fort petits. Pour filtrer du ſucre fondu au travers du papier gris, il faudroit l'étendre dans beaucoup d'eau, ce qui obligeroit de faire enſuite de grandes évaporations qui coûteroient beaucoup; c'eſt ce qui fait que l'on ſe contente de filtrer la clairce par un drap. Ainſi la clarification par filtration eſt en quelque façon admiſe pour le ſucre.

La troiſieme maniere de clarifier, eſt de jetter dans la liqueur une ſubſtance, qui d'abord ſoit aſſez fluide pour ſe mêler avec le ſucre fondu, & qui en ſe cuiſant promptement embraſſe avec ſes parties les ſubſtances qui troublent la liqueur, & auſſi des bulles d'air ou des vapeurs raréfiées qui la déterminent à ſe porter à la ſuperficie, ſous une forme ſpongieuſe qu'on nomme *l'écume*. C'eſt ce moyen dont on fait principalement uſage pour la clarification du ſucre; & les ſubſtances qu'on emploie pour opérer cette clarification, ſont les blancs d'œufs battus avec de l'eau ou du ſang de bœuf: ces deux ſubſtances très-fluides, quand elles ſont battues avec de l'eau, ſe mêlent bien avec le ſucre fondu. Comme elles cuiſent très-promptement, & comme leurs parties ſont remplies, ſoit d'air, ſoit de vapeurs, elles forment, en s'épaiſſiſſant par la cuiſſon, une eſpece de filtre, qui, montant à la ſuperficie de la liqueur entraîne avec lui tout ce qui pouvoit troubler le ſucre, & ſe porte à la ſurface avec les impuretés, ſous la forme d'écume, qu'il faut prendre garde de briſer, parce que ſi l'on dégageoit les bulles, l'air qui les détermine à monter à la ſurface de la liqueur, les écumes qui deviendroient de même poids que le ſucre, n'agiroient dans la liqueur que par petites parcelles, qu'il ne ſeroit pas poſſible d'enlever avec l'écumereſſe : d'autres parties plus péſantes ſe précipiteroient au fond des chaudieres, où elles courroient riſque de ſe brûler.

Voici quelques obſervations qui confirmeront cette théorie : 1°. J'ai eſſayé de ſubſtituer la colle de poiſſon aux blancs d'œufs : elle n'a produit aucune écume, parce qu'elle ne ſe cuit pas.

2°. Si l'on fait bouillir à petits bouillons le ſucre où l'on a mis le ſang ou les blancs d'œufs, il s'éleve à la ſuperficie des écumes épaiſſes.

3°. Si l'on fait bouillir le ſucre à gros bouillons, une partie des écumes ſe mêlent avec le ſucre, parce que les véſicules qui font leur légéreté ſe briſent, & une partie des écumes roule dans le ſucre.

4°. Si on laiſſe refroidir le ſucre, les écumes ſe précipitent ; la partie ſupérieure de la chaudiere, au bout d'une demi-heure, aura plus d'un pouce de hauteur, où le ſucre paroît preſque parfaitement épuré ; plus bas il ne l'eſt pas ; au bout de vingt-quatre heures toute l'écume ſe précipite au fond de la chaudiere : je crois que cela dépend de ce que les vapeurs contenues dans les véſicules ſe condenſent, & les écumes deviennent alors plus peſantes que le ſucre.

5°. Les écumes ſe mêlent auſſi avec le ſucre, ſi on les agite : ce qui vient de ce qu'on briſe les véſicules, d'où dépend la légéreté des écumes.

Il faut donc concevoir que les parties de chaux font avec la ſubſtance la plus graſſe, la plus muqueuſe du ſucre fondu, des molécules ſavoneuſes. Cette propriété de l'eau de chaux de s'unir aux corps gras, eſt très-bien établie, 1°. par la propriété qu'elle a de rendre très-tenues les huiles les plus graſſes ; 2°. par le rôle qu'elle joue dans la fabrique du ſavon ; 3°. par ce qu'on obſerve dans la rectification des huiles empyreumatiques, végétales ou animales ; 4°. par l'effet qu'elle produit dans la préparation des cuirs. 5°. Veut-on obtenir un ſel eſſentiel d'un ſuc de plante qui étant fort gras, a une grande diſpoſition à tomber en putréfaction ? on met dedans non-ſeulement de l'eau de chaux, mais même de la chaux vive en pierre. Nous ſoupçonnons donc qu'il ſe fait une union des parties les plus viſqueuſes & mucilagineuſes du ſucre fondu avec la chaux ; & c'eſt cette union que nous nommons *molécules ſavoneuſes*, quoique certainement elles ne forment pas un vrai ſavon, & qu'elles ne ſe montrent pas dans le ſucre comme des corps étrangers.

Nous croyons donc que les blancs d'œufs ou le ſang mêlés avec le ſucre fondu, ces ſubſtances ramaſſent non-ſeulement les corps étrangers qui flotent dans la liqueur, mais encore toutes ces molécules ſavoneuſes, & les entraînent à la ſuperficie ſous la forme d'écume. Si l'on verſe les œufs ou le ſang de fort haut, c'eſt pour que ces matieres ſe mêlent avec le ſucre. Si l'on mouve rapidement, c'eſt pour rendre le mélange plus parfait : mais il eſt important de ceſſer tout mouvement auſſi-tôt que les blancs d'œufs ou le ſang cuiſent, pour ne point rompre les véſicules remplies d'air ou de vapeurs qui font la légéreté des écumes. Il faut, pour cette même raiſon, diminuer le feu afin qu'un gros bouillon ne faſſe point crever les véſicules remplies d'air. On doit auſſi emporter doucement les écumes pour que rien ne ſe précipite au fond, & que le ſang ou les œufs, venant à ſe cuire, montent à la ſuperficie. Si l'on rompoit les véſicules qui donnent aux écumes leur légéreté, il ne reſteroit que deux moyens de les retirer ; en premier lieu, par la filtration au travers le blanchet ; & il faudroit couler la liqueur fort chaude, pour que le ſyrop étant plus liquide traversât mieux le drap. Le ſecond moyen ſeroit de mettre le ſucre ſe refroidir & dépoſer les impuretés dans une chaudiere. Mais pour que cette précipitation réuſsît, il faudroit que le ſucre fût étendu dans beaucoup d'eau ; & alors la fermentation ſeroit à craindre ſur-tout en été. Je ſçai qu'on pourroit clarifier du ſyrop ſans eau de chaux ; mais je doute qu'on pût, par les œufs & le ſang ſeuls, ôter au ſyrop quelque choſe de gras & de viſqueux qui s'oppoſe à la ſéparation du grain. Dans les Iles, où le ſyrop de veſou eſt très-gras, non-ſeulement on emploie de la chaux en pierre, mais de plus on augmente ſa vertu alcaline en y ajoûtant des cendres. Quand, par quelqu'accident, les écumes ſe ſont mêlées avec le ſucre, on parvient à les faire monter vers la ſuperficie, en jettant dans le ſucre un peu de ſang mêlé dans de l'eau de chaux, & en augmentant un peu le feu : d'autres ſe contentent de l'eau de chaux ſeule. J'ai vû, après cette addition, ſe lever un peu d'écume. Peut-être réuſſiroit-on encore mieux, en verſant avec l'eau de chaux un peu de ſyrop aigri : ce ſyrop exciteroit une efferveſcence qui pourroit être avantageuſe.

J'avoue que l'eau de chaux pourroit agir dans le ſucre autrement que par la formation des molécules ſavoneuſes ; peut-être que par ſon âcreté, elle diminueroit la viſcoſité du ſyrop. Voici une expérience de MM. *de Bronville* & *Villebouré* qui ſembleroit le prouver.

Ils ont clarifié parfaitement du ſucre, ſans employer d'eau de chaux : mais après l'avoir cuit à preuve, ils n'ont pû obtenir un grain bien ſec. Ayant ajoûté de l'eau de chaux bien forte, il ne s'eſt rien élevé à la ſuperficie du ſucre qui avoit été bien clarifié ; cependant ce ſucre étant raccourci a fourni un beau grain qu'on n'avoit pas pû obtenir auparavant. On voit ici bien clairement un effet très-marqué de l'eau de chaux. Mais comment agit-elle ? Eſt-ce en formant avec la partie la plus graſſe du ſyrop une eſpece de ſavon, mais un ſavon très-liquide qui ne ſe montre pas ſenſiblement ? Eſt-ce en atténuant, en divisant la substance la plus visqueuse du syrop? c'est ce que je n'ose décider.

On employoit autrefois beaucoup d'œufs pour clarifier le sucre; mais depuis qu'on s'est aperçu que le sang clarifioit mieux que les œufs, & qu'il occasionnoit moins de déchet, on ne se sert presque plus que de sang dans les Rafineries.

Il ne faut pas croire qu'il soit indifférent d'employer du sang de différentes especes d'animaux pour bien clarifier. On a souvent éprouvé que le sang de veau & de mouton clarifient moins bien que celui de bœuf; & que même celui de bœuf produit un meilleur effet quand il commence à se corrompre, que quand il est frais : apparemment que le sel volatil qui se dégage du sang agit sur la partie grasse du sucre, & concourt avec les parties de chaux à le dégraisser. On m'a même assuré que quand toutes les Rafineries d'Orléans travailloient beaucoup, les boucheries de cette Ville ne fournissant pas assez de sang de bœuf, des Rafineurs en avoient fait venir de Paris. Je vais reprendre le fil des travaux de la Raffinerie.

## *De la cuisson du Sucre.*

Le sucre ayant été bien clarifié & filtré par le blanchet, on le transporte, comme je l'ai dit, avec des bassins de la chaudiere à clairce dans la chaudiere à cuire n°. 4. *Planche* III. Cette chaudiere n'est point bordée comme les autres; on l'emplit jusqu'à moitié avec le sucre clarifié.

Quand la chaudiere est chargée, on allume le feu dessous; & comme il doit être très-vif, parce qu'il est avantageux que la cuisson se fasse promptement, on l'anime en dégorgeant la grille avec le crochet du Toqueux ou Estoqueux *Planche* IV. *Fig.* 17, afin que l'air passant librement entre les barreaux des grilles, le charbon brûle avec vivacité.

Quelques minutes après que le feu est sous la chaudiere, le sucre gonfle beaucoup; & il se répandroit si l'on n'abaissoit pas le bouillon, en jettant un peu de beurre sur le sucre qui cuit, & si l'on ne mouvoit pas continuellement avec le bâton à preuve, *Planche* IV. *Fig.* 18. Quand le syrop a pris son bouillon, il ne s'éleve plus, au moins pendant un peu de tems. Il faut néanmoins le veiller; car quelquefois il monte subitement, surtout lorsqu'il est près d'être cuit.

On soutient ce bouillon pendant environ trois quarts d'heure ou une heure; & le Contre-Maître s'apperçoit que son syrop approche d'être cuit, à la forme du bouillon, à l'épaisseur du sucre sur le bâton de preuve, quelquefois encore à ce que le sucre se gonfle. Alors il prend la preuve en passant le pouce sur le bâton chargé de syrop, comme on le voit *Planche* III. vis-à-vis la chaudiere n°. 4. Approchant ensuite le doigt index du pouce,

*Nota.* L'expérience qui est rapportée à la fin de la page précédente a été exécutée par MM. *de Villebouré* & *de Gueudeville.*

& l'écartant, *Planche* IV. *Fig.* 19. il juge par le filet de ſyrop qui ſe prolonge d'un doigt à l'autre, ſi le ſyrop eſt parvenu à ſon degré de cuiſſon. Dans cette opération il tient le pouce en bas.

Le Rafineur ou le Contre-Maître connoiſſent, à la nature du fil qu'ils forment entre leurs doigts, ſi le ſucre eſt parvenu au degré de cuiſſon qu'ils veulent lui donner. On ne peut guére aſſigner ſur cela de regle préciſe : cependant je crois avoir remarqué que ſi le filet ſe rompt près du doigt index, qui eſt en haut, c'eſt ſigne que le ſucre n'eſt pas aſſez cuit; quand il ſe rompt plus près du pouce, qui eſt en bas, & que la partie du filet qui répond à l'index ſe racourcit en s'approchant de ce doigt, c'eſt ſigne que le ſucre eſt à ſon dégré de cuiſſon.

Je ne diſſimulerai point qu'un habile Rafineur m'a aſſuré que ce fil n'eſt pas la ſeule choſe qui le regle, parce qu'il varie ſuivant les tems & les ſaiſons. Un ſucre cuit au même point dans l'hyver donnera un fil conſidérable, ſurtout quand le tems eſt ſec & diſpoſé à la gelée, & dans l'été il n'en donnera point ou preſque point, ſurtout quand le tems eſt humide & peſant. Le Contre-Maître eſt donc obligé de ſe régler pour lors preſque uniquement par le bouillon ou par la maniere dont le ſucre ſe tient ſur le bâton de preuve, ou enfin, ce qui eſt le plus sûr, par le degré d'épaiſſeur de la liqueur entre ſes doigts. Ainſi c'eſt le tact qui décide le plus sûrement.

Il eſt bien important de ſaiſir exactement le vrai point de la cuite : car ſi le ſyrop n'étoit pas aſſez cuit, s'il n'étoit pas aſſez racourci, le ſucre étant diſſous dans trop de flegme, le grain ne s'en ſépareroit pas en quantité ſuffiſante, & il couleroit beaucoup de ſyrop; ſi au contraire la cuiſſon étoit trop forte, le ſucre cuit étant trop épais, il reſteroit une trop grande quantité de ſyrop adhérente au grain, & la partie même qui s'en ſépareroit ne le feroit qu'avec beaucoup de difficulté. Mais comme on mêle enſemble dans une même chaudiere le ſucre de différentes cuites, ſi le Contre-Maître s'apperçoit que la premiere a été trop forte, il cuit la ſeconde un peu au-deſſous de la premiere, & ces différentes cuites étant mêlées enſemble, l'une corrige l'autre. C'eſt un expédient dont on uſe quelquefois; mais il faut eſſayer de ne ſe pas mettre dans le cas d'y avoir recours.

Un ſucre trop chargé de flegme ſeroit expoſé à fermenter & à s'aigrir; un ſyrop bien clarifié, plus racourci que celui dont nous venons de parler, mais pas autant qu'il convient pour faire du ſucre, formeroit à la longue de gros cryſtaux bien formés, qu'on appelle *ſucre candi* : ce n'eſt pas ce qu'on veut dans les Rafineries. Mais quand on a encore plus racourci le ſyrop, la ſéparation du grain ſe fait promptement : tout d'un coup il ſe forme un grand nombre de petits cryſtaux qui n'ont pas une forme bien déterminée, & qu'on nomme pour cette raiſon *le grain.*

Les différens Rafineurs ne ſont pas tout-à-fait d'accord ſur le point de cuiſſon; les uns cuiſent un peu moins que les autres : ceux qui cuiſent moins, prétendent que comme le ſyrop reſte plus liquide, le grain eſt plus blanc & qu'il ſe réunit mieux ; ce qui fait un ſucre plus ſerré : ceux qui cuiſent un peu plus, prétendent que par la premiere méthode il s'écoule plus de ſyrop, & qu'on a moins de grain. Mais les premiers leur répondent, que comme ils ne ſont pas obligés de terrer autant leur ſucre que ceux qui cuiſent davantage, parce que le ſyrop s'écoule de lui-même, ils éprouvent moins de déchet à cette opération. Ce qui eſt certain, c'eſt qu'on peut par l'une ou l'autre méthode faire de beau ſucre. On voit *Planche* III. un Rafineur qui prend la preuve.

Quelque méthode qu'on ſuive, on conçoit qu'il eſt avantageux de ſaiſir préciſément le moment de la cuiſſon : c'eſt pourquoi auſſi-tôt qu'on y eſt parvenu, il faut promptement vuider la chaudiere pour porter le ſucre cuit à l'empli. Dans cette vûe, on met ſur la banquette des fourneaux aux deux côtés de la chaudiere à cuire, deux bourrelets de paille, *Planche* IV. *Fig.* 20, ſur leſquels on poſe deux baſſins *Fig.* 21 *. Un Serviteur averti par le Contre-Maître ouvre la porte du fourneau, & jette de l'eau ſur le feu avec le pucheux pour l'éteindre. Sur le champ, le Contre-Maître ſe mettant devant la chaudiere, à peu près dans l'attitude où on le voit vis-à-vis la chaudiere, *Planche* IV. *Fig.* 2 ; il emplit avec du ſucre cuit, mais fluide encore, les baſſins qui ſont à côté de lui, & à meſure qu'ils ſont pleins, ce qui ſe fait très-proprement, des Serviteurs comme celui de la *Planche* IV, *Fig.* 25, les enlévent, & vont les vuider dans la chaudiere de l'empli ; d'autres remettent à la place des baſſins vuides ; & auſſi-tôt que la chaudiere à cuire eſt vuidée, on la charge avec d'autre clairce, & on rallume le feu pour faire une ſeconde cuite.

## *Digreſſion ſur le Bouillon.*

QUAND on fait chauffer de l'eau dans un vaſe de verre, on voit qu'il ſe forme des bulles à la partie la plus échauffée, & au fond de la liqueur : ces bulles qui partent du fond, crevent quand la liqueur prend plus de chaleur ; & elles s'élévent à la ſurface d'une maniere imperceptible : en ſe rompant, elles jettent de petites goutes d'eau, qui en retombant ſur les charbons y excitent un petit bruit ; on entend auſſi un petit ſifflement dans la liqueur : on dit alors que l'eau frémit : peu après ſuccédent les gros bouillons ; l'eau fume beaucoup ; mais les jets des goutelettes d'eau dont j'ai parlé, ont ceſſé.

Si l'on met ſur le feu une liqueur épaiſſe & viſqueuſe, comme le ſucre clarifié, ordinairement ce ſucre monte dans la chaudiere à cuire avant de prendre ſon bouillon ; alors le ſucre reſſemble à une liqueur mouſſeuſe : un nom-

* Dans quelques Rafineries on préfére de caler les baſſins ſur la banquette avec des coins de bois, parce que les ronds de paille s'imbibant de ſyrop, nuiſent à la propreté.

bre de petites bulles qui ne peuvent pas ſe dégager de cette liqueur viſqueuſe comme de l'eau, s'amaſſent & font le gonflement de la maſſe totale.

Lorſque le ſucre commence à prendre ſon bouillon, toute la chaudiere paroît couverte de groſſes bouteilles larges comme des écus : alors le ſucre commence à baiſſer : ce qui vient, à ce que je crois, de ce que la force avec laquelle les vapeurs s'élévent, fait briſer les bouteilles, & ne leur permet pas de s'accumuler en grande quantité à la ſurface : ces groſſes bulles ſe ſuccédent les unes aux autres ; & en ſe rompant, elles répandent beaucoup de fumée.

Quand ce bouillon eſt bien établi, le ſucre cuit, comme l'on dit, tout bas ; il ne s'éléve plus.

Alors le gros bouillon perce au milieu de la chaudiere, & il chaſſe toutes les bulles vers les bords, où les bouteilles crévent & ſe reproduiſent continuellement.

Une preuve que c'eſt la grande abondance & la force des vapeurs, qui en crevant les bulles, empêche que la liqueur ne monte, c'eſt que ſi l'on appaiſe le feu, le bouillon du milieu devient peu à peu moins conſidérable ; il diſparoît enſuite, & les bouteilles que le gros bouillon rangeoit vers les bords, s'étendent ſur toute la ſurface du ſucre : alors le ſucre s'enfle de nouveau, & d'autant plus qu'on diminue davantage le feu.

Un autre fait qui mérite bien d'être remarqué, c'eſt que quand le ſucre approche le plus d'être cuit, c'eſt le tems où il s'enfle le plus, apparemment à cauſe que la viſcoſité augmente.

Dans tous ces cas on empêche le ſucre de s'élever, en jettant dans la chaudiere un peu de beurre : ſur le champ, le bouillon qui s'élevoit beaucoup, s'applatit ; & l'on remarque qu'il faut plus de beurre quand le ſucre vient à ſon degré de cuiſſon, que dans le commencement. Suivons l'énumération des faits avant de former aucun raiſonnement ſur la cauſe qui les produit. Quand le ſucre approche encore plus de ſa cuiſſon, les bulles diminuent de groſſeur ; elles deviennent fort petites, & toute la maſſe du ſucre paroît comme mouſſeuſe : c'eſt-à-dire, qu'au lieu d'un petit nombre de groſſes bulles, il s'en forme une immenſe quantité de petites. Ce dernier phénomene dépendroit-il encore de l'épaiſſiſſement de la liqueur qui empêche que pluſieurs petites bulles ne puiſſent ſe réunir pour en former de groſſes ? Les faits ſont certains : je n'ai fait que les entrevoir ; mais ils ont été bien examinés par M. de Gueudreville. A l'égard des explications, je prie qu'on ne les regarde que comme des conjectures. Je pourrois néanmoins leur donner quelque poids, en faiſant remarquer que les belles caſſonades qui donnent beaucoup de grain forment beaucoup de bouteilles en bouillant ; mais elles ſont peu ſujettes à monter, de ſorte que ſouvent on les cuit ſans avoir recours au beurre ; au contraire les moſcouades fort graſſes, les ſyrops qu'on cuit ſeuls pour faire des vergeoiſes, montent telle-

ment,

ment, qu'on est obligé d'employer beaucoup de beurre. Il me paroît naturel d'attribuer la cause de ces deux effets différens à ce que le beau sucre est moins visqueux que celui qu'on cuit pour les vergeoises. Mais rapprochons de ce qui regarde le sucre quelques autres faits qui appartiennent aux substances qui se gonflent sur le feu.

1°. L'eau qu'on fait bouillir dans un vaisseau fort évasé, se gonfle très-peu en bouillant. Mais quand on fait bouillir de l'eau dans un vaisseau qui est large par le bas & étroit par le haut, le bouillon de l'eau s'éleve assez haut, parce que toutes les vapeurs, étant obligées de s'échaper par une ouverture étroite, ont assez de force pour soulever la liqueur; ce qui n'arrive pas dans un vaisseau évasé.

2°. Quand on met du caffé dans un vase rempli d'eau bouillante, le bouillon s'éleve beaucoup jusqu'à ce que la poudre du caffé soit bien mêlée avec l'eau; & je crois que l'air contenu entre les molécules du caffé contribue à ce gonflement: mais il cesse quand la poudre de caffé s'est bien mêlée avec l'eau. D'ailleurs cette poudre plus légere que l'eau, quand elle est séche, nage dessus, & fait une croûte qui s'oppose à la sortie des vapeurs; mais l'on détruit cette croûte en mêlant le caffé dans toute la masse de l'eau.

3°. Le chocolat qui rend l'eau épaisse & visqueuse la gonfle beaucoup; & elle se gonfle encore plus quand on fait le chocolat dans du lait, parce que le tout est plus épais.

4°. Si l'on remue avec une cuillier une liqueur qui se gonfle beaucoup, on voit partir beaucoup de fumée, & le bouillon s'abat; ce qui vient, à ce que je crois, de ce qu'on donne issue aux vapeurs.

5°. Si l'on verse une petite quantité d'eau dans une caffetiere où l'eau s'éleve, le bouillon s'abat, non-seulement à cause du refroidissement de la liqueur, mais encore & principalement, parce que cette eau qu'on ajoûte facilite la dissipation des vapeurs, qui se manifeste par une épaisse fumée qui s'en échappe: je dis, principalement, parce qu'on abat le bouillon avec de l'eau chaude comme avec de l'eau froide.

6°. Si dans une liqueur visqueuse, qui bout à gros bouillons, on verse une liqueur pareille & froide, presque dans l'instant on voit s'élever un gros bouillon: mais si au lieu d'eau froide on y verse de cette même liqueur fort chaude, ce gonflement n'arrive pas. Je crois que cela dépend de ce que la liqueur froide, plus pesante que la chaude, se précipite au fond du vase, & l'air qu'elle contient se raréfiant, il se forme au fond du vase des bulles de vapeurs, comme aux liqueurs froides; au lieu que les liqueurs bouillantes, étant purgées d'air, se mêlent avec toute la masse de la liqueur, sans se précipiter au fond.

Quand on met dans la chaudiere à cuire une certaine quantité de sucre froid, & dès-lors plus épais, tiré de la chaudiere à clairce, on peut remarquer qu'avant que le ſucre s'enfle & prenne ſon gros bouillon, toute ſa ſurface friſſonne par une eſpece de mouvement convulſif: tout le ſucre tremble, & jette des bouillons pointus comme en pyramide: on entend alors un ronflement conſidérable comme dans un tuyau d'orgue. Ce bruit occaſionne une telle agitation, que les vitres de la halle aux chaudieres, ainſi que des atteliers voiſins, en tremblent avec bruit; cette agitation ceſſe auſſi-tôt que les gros bouillons paroiſſent.

On trouvera dans la ſuite le détail d'une induſtrie des Rafineurs pour arrêter le bouillon lorſqu'on cuit les ſyrops: mais auparavant je vais reprendre la ſuite des opérations de la Rafinerie.

## *Préparation des Formes.*

Nous quittons l'attelier des chaudieres; & pour ſuivre le ſucre cuit, juſqu'à ce qu'il ait fourni du ſucre en pain, nous devrions paſſer dans une ſalle qu'on nomme *l'empli:* mais comme on y fera uſage des *formes*, nous ne pouvons nous diſpenſer d'expliquer ce que c'eſt, & de dire quelque choſe des préparations qu'il faut leur donner pour les diſpoſer à recevoir le ſucre cuit, quoiqu'encore fluide. Nous laiſſons donc notre ſucre dans une chaudiere qui eſt dans l'empli, & qu'on nomme *la chaudiere à couler;* nous allons parler des vaiſſeaux où l'on mettra le ſucre au ſortir de cette chaudiere; & cela eſt d'autant plus à propos, que le ſucre cuit à ſon point, doit reſter quelque tems dans la chaudiere à couler, avant qu'on le mette dans les formes.

Les *formes* ſont des vaſes de terre cuite, de figure conique, tant en dedans qu'en dehors; leur figure intérieure eſt indiquée par celle des pains de ſucre qui y ſont moulés. Ces formes ſont de différentes couleurs, ſuivant la nature de la terre qu'ont employé les Potiers. Quelques Ouvriers donnent la préférence à celles qui ſont blanches; d'autres aux rouges: mais la couleur eſt très-indifférente, pourvû que ces vaſes ſoient bien cuits, bien unis, & que leur forme ſoit exactement conique, afin que les pains puiſſent en ſortir aiſément. Il s'en trouve qui ſont un peu ovales: c'eſt un très-petit inconvénient; car en obſervant un repaire, on remet les pains auſſi exactement dans ces formes, que dans celles qui ſont parfaitement rondes.

Il y en a ordinairement dans les Rafineries de ſix grandeurs différentes, ſçavoir;

*Planche* VI. *Fig.* 1. le petit deux, qui a 11 pouces de hauteur & 5 pouces de diamétre par la patte.

*Fig.* 2. Le grand deux, qui a 13 pouces de hauteur, 6 pouces de diamétre.

*Fig.* 3. Le trois a 9 pouces de hauteur, 7 pouces & demi de diamétre.

*Fig.* 4. Le quatre a 19 pouces de hauteur, 8 pouces de diamétre.

*Fig.* 5. Le ſept a 22 pouces de hauteur, 10 pouces de diamétre.

*Fig.* 6. Les bâtardes ou vergeoifes fondues, ont 30 pouces de hauteur, 15 pouces de diamétre.

On peut compter qu'une forme qui tient 30 à 35 livres de fucre clarifié & cuit, fournira à peu près un pain, qui au fortir de l'étuve péfera 15 à 17 livres; bien entendu qu'il ne s'agit pas ici de fucre fuperfin, ni du royal.

Les formes font percées au petit bout pour laiffer écouler le fyrop; & on les met fur un pot, *Fig.* 7, qui foutient la forme, & reçoit le fyrop. La plupart de ces pots ont trois pieds; mais il y a des Rafineries où l'on aime mieux qu'ils n'en aient point, parce que ces pieds qui font ajoûtés au corps du pot par le Potier, fe détachent affez aifément; & alors le pot eft perdu. Ils doivent avoir le fond & l'affiette large, & l'ouverture d'en haut, qu'on nomme *le collet*, bien renforcée.

Il faut que la grandeur des pots foit proportionnée à celle des formes. Ainfi les pots pour le petit deux ont 6 pouces de hauteur, & contiennent trois chopines.

Les pots pour le grand deux ont 7 pouces de hauteur, & contiennent deux pintes.

Les pots pour le trois ont 8 pouces de hauteur, & contiennent 3 pintes.

Les pots pour le quatre ont 10 pouces de hauteur, & contiennent 4 pintes.

Les pots pour le fept ont un pied de hauteur, & contiennent 6 pintes.

Enfin, les pots pour les vergeoifes ont 15 pouces de diamétre, 15 à 18 pouces de hauteur, & contiennent 20 pintes.

Quoiqu'on ne reçoive guere des Potiers les formes fêlées, on ne manque pas d'y mettre un cerceau de bois qui touche le cordon de leur grand diamétre ou de la patte, *Fig.* 3. On en met même quelquefois trois aux grandes formes: l'un, comme nous l'avons dit, au bout le plus évafé; le fecond, vers le tiers de leur hauteur, & le troifieme, 5 ou 6 pouces au-deffus de leur bout le plus menu, *Fig.* 4 & 5.

On fait ces cerceaux avec du coudrier, ou quelqu'autre bois blanc, qu'on refend en deux ou trois parties, & qu'on dreffe avec la plane du côté refendu.

On ne les lie point avec de l'ofier; mais on les enlace comme un nœud avec deux petites coches qui les empêchent de couler. En un mot, ces cerceaux reffemblent à ceux des petits barils.

Quand par l'ufage les formes fe font fêlées, un vieux ferviteur de la Rafinerie, *Fig.* 8, qu'on ne peut plus employer à des ouvrages pénibles, les raccommode. Pour cela, il met fur le dehors de la forme, & principalement à l'endroit endommagé, des morceaux de copeaux que les Tonneliers levent avec leur doloire de deffus le merrein qu'ils dreffent pour faire des poinçons neufs. Les Tonneliers vendent ces copeaux par bottes, *Fig.* 9. Le Racommodeur de formes ferre ces copeaux contre la forme avec plus ou moins de cerceaux, fuivant qu'elles sont plus ou moins endommagées. Cet Ouvrier, *Fig.* 8, pose la forme qu'il veut cercler sur une table solide, ou sur un bloc, la patte ou le bout le plus large en bas, & la tête ou le bout pointu en haut. Il prend la mesure du plus grand cercle : il le coupe de longueur ; il en appointit les bouts ; il fait les entailles ; il plie le cerceau ; il en enlace les extrémités ; il met les copeaux où il en est besoin ; il frappe les cerceaux avec le *cacheux* ou *chassoir*, *Fig.* 10, qui est un coin de bois dur de 7 à 8 pouces de longueur, de 3 pouces de largeur & d'un pouce d'épaisseur par le plus gros bout, qui ordinairement forme une poignée ronde de 5 à 6 pouces de longueur. Il tient la forme de la main gauche, & le cacheux de la droite, comme on le voit *Fig.* 8 ; & en coulant une des faces du cacheux le long de la forme ou des copeaux, il frappe sur le cerceau qu'il fait descendre également de tous les côtés, en faisant tourner la forme avec la main gauche : il acheve de faire ensuite entrer le cerceau autant qu'il est possible, en mettant le cacheux sur le cerceau & frappant dessus avec une espece de maillet quarré, qu'on nomme *le clopeux*, *Fig.* 11.

A l'égard des grandes formes, dites bâtardes ou vergeoises, *Fig.* 6, on les fortifie avec plus de soin, & l'on couvre les copeaux avec des especes de lattes, qu'on nomme *bâtons de cape* *, *Fig.* 12. Ce sont des lattes minces de bois blanc, aussi longues que la forme ; elles sont refendues & dressées à la plane, de sorte qu'il ne leur reste que trois quarts de ligne d'épaisseur, jusqu'à un pouce du bout d'une de leurs extrémités, où on laisse toute l'épaisseur du bois, afin que cette élévation qui forme un acroc, retienne un lien de fil d'archal qu'on met au petit bout ; cette élévation se nomme *le crochet du bâton de cape.*

On arrange donc les bâtons de cape les uns auprès des autres tout autour de la tête de la forme : on les lie fortement avec deux révolutions de fil d'archal tout autour du bourelet qui fait la tête de la forme, en arrêtant les bouts du fil par un maillon qu'on fait avec des tenailles. On arrange ensuite toute la longueur des bâtons de cape sur la convexité des formes, & on les assujettit, ainsi que les copeaux, par des cerceaux qu'on chasse avec force.

Quand les copeaux sont trop épais, on les amincit avec la plane.

On est déterminé à racommoder les formes, non-seulement par œconomie, pour en tirer encore du service ; mais de plus parce que les vieilles formes sont meilleures que les neuves : le sucre s'y attache moins : il ne seroit pas même possible de se servir des formes neuves si on ne les faisoit pas tremper pendant quatre ou cinq jours dans un bac rempli d'eau, dans laquelle on a lavé les formes qui ont servi, ce qui la charge d'assez de syrop pour qu'elle soit en fermentation : car de tems en tems, on voit sortir de l'eau du bac à forme, *Fig.* 14, de gros bouillons ; ce qui est une preuve certaine de la fermentation. Si l'on négligeoit de

* Le mot *Cape* convient au total de ces lattes ou bâtons plats qu'on met tout autour d'une forme ; parce que ces lattes sont, pour la forme, ce qu'est une cape pour couvrir une personne qui veut se garantir de la pluie.

de faire ainsi tremper les formes neuves, le grain s'attacheroit si fortement à leur intérieur, qu'on ne pourroit en retirer les pains que par morceaux. Il faut aussi mettre tremper, & laver soigneusement, dans de l'eau claire, les vieilles formes toutes les fois qu'on veut s'en servir, ainsi que les pots quand on les a vuidés de syrop. Mais comme il se crystallise du sucre dans les pots où le syrop a séjourné ; pour ne pas perdre ce sucre, avant de mettre les pots dans l'eau, on les gratte en dedans avec une spatule de fer, *Fig.* 13, & l'on fait tomber dans un seau le sucre qui s'est détaché.

Pour mettre tremper les formes & les pots dans l'eau, & ensuite les nettoyer, on a, ce qu'on appelle, *le bac-à-forme*, *Fig.* 14, qui est une grande caisse de 11 pieds de longueur, 5 pieds de largeur & 4 pieds de profondeur, faite de fortes planches de chêne, calfatées avec de la mousse, & serrées les unes contre les autres, avec des équerres de fer. Par dessus, & au milieu de la longueur du bac, vers *b b* est une bande de fer plat, qu'on a omise dans la figure ; elle le traverse, & est destinée à soutenir une planche *e e* qu'on pose sur le bac, & qui s'étend de toute sa longueur : cette planche sert à supporter les formes qu'on lave, & à recevoir celles qui sont lavées & qu'il faut laisser s'égoutter.

Ce bac étant plein d'eau, on apporte les formes en piles, *Fig.* 15 : si ce sont des formes pour du deux, les piles sont composées de dix formes ; si les formes sont pour du trois, les piles ne sont que de huit formes ; & ainsi en diminuant de nombre, à mesure que les formes deviennent plus grandes, desorte qu'on n'en met que deux, quand ce sont des formes pour les bâtardes.

Il faut poser ces piles debout dans le bac. Pour cela, on se sert d'un crochet, *Fig.* 16, qui saisit la plus basse forme par le bord, & tenant de la main gauche la pointe de celle qui est au haut de la pile, on descend la pile perpendiculairement, & l'on retire le crochet.

Il arrive quelquefois que quelques piles se couchent au fond du bac ; pour les redresser, on se sert d'un anneau qui est au bout d'un manche ; on passe, *Fig.* 17, la pointe de la derniere forme dans l'anneau, & ainsi on reléve la pile. Cet instrument se nomme *redresseur* ou *l'anneau du bac-à-forme*, ou encore *la boucle du bac-à-forme*.

Quand les formes ont trempé deux ou trois jours, on les retire de l'eau les unes après les autres ; un serviteur couche devant lui, sur la planche du bac, la forme qu'il vient de tirer ; ensuite avec une loque, qui est un vieux morceau de blanchet, il lave bien la forme, tant en-dedans qu'en dehors ; & à mesure qu'il les a lavées, il les pose devant lui sur la planche, le petit bout en haut, pour les laisser s'égoutter : tout cela se voit, *Fig.* 18.

Comme il arrive assez souvent que des formes se rompent, & que les morceaux tombent au fond du bac, on les pêche avec une marre creuse percée de trous, qu'on nomme *tire-piéce*, *Fig.* 19.

Quand les formes ſont lavées & égouttées, on les porte ſur la table à tapper, *Fig.* 20, où un ſerviteur les prend les unes après les autres. Il commence par les frapper avec le plat d'un petit cacheux épais d'un demi-pouce, large de 3, long de 7 à 8. Il reconnoît, par le ſon, ſi la forme n'eſt point fêlée, ou ſi la fêlure eſt bien ſerrée & ſoutenue par les copeaux & les cercles : ſi cela n'étoit pas, il la mettroit à part pour la porter au Racommodeur de formes, *Fig.* 8. Quand elles ont été ſondées & reconnues en bon état, il prend dans un ſeau de petites languettes de linge qui trempent dans de l'eau; il en forme des bouchons qu'on nomme *tappes* : il les fait entrer dans le trou de la pointe de la forme, & il donne deſſus un coup du plat du cacheux ; c'eſt ce qu'on appelle *tapper les formes*. Par cette opération on ferme le trou qui eſt à la tête des formes, afin que le ſucre qu'on mettra dedans encore chaud, ne s'écoule point en trop grande quantité ; car lorſqu'on laiſſe refroidir le ſucre dans les formes, le grain ſe forme; & quand on ôtera les tappes, il ne s'écoulera que la partie ſyrupeuſe. Les formes étant tappées, on les porte dans un attelier, *Fig.* 21, qui eſt encore de plein-pied, & qu'on nomme *l'empli*, *Fig.* 22. C'eſt-là que nous avons laiſſé le ſyrop cuit, qu'on a déposé dans une chaudiere roulante : paſſons dans cet attelier pour reprendre les opérations qu'on y fait.

## *De l'Empli, & des différentes Opérations qu'on y fait.*

Nous avons dit qu'on portoit avec des baſſins, *Planche* VII, *Fig.* 1, le ſucre clarifié & cuit dans une ou deux chaudieres roulantes, *Fig.* 2, qui ſont dans l'attelier qu'on nomme *l'empli*. On met dans ces chaudieres, trois, quatre, cinq, ſix, & juſqu'à ſept & huit cuites, ſelon la quantité de ſucre qu'on veut cuire ; & lorſqu'on a vuidé la premiere cuite, on *mouve* ( c'eſt le terme uſité) ou l'on remue fortement le ſucre nouvellement apporté : on emploie pour cela un mouveron ſemblable à ceux dont il a été parlé plus haut, lorſqu'on a expoſé la maniere de clarifier le ſucre, *Planche* IV. *Fig.* 12. L'effet de ce mouvement eſt de donner au ſucre la facilité de ſe former en grain. En effet, un petit quart d'heure après cette opération, il ſe forme ſur la ſurface du ſucre cuit, qui juſque-là n'avoit paru qu'une ſimple liqueur, une croûte de l'épaiſſeur d'une petite piéce d'argent. Cette croûte eſt compoſée d'une infinité de petits grains unis les uns aux autres, & elle prend conſiſtance dans toute l'étendue de la chaudiere. Elle s'épaiſſit enſuite un peu davantage, & ſe trouve par-deſſous garnie de grains plus gros que ceux qui la compoſent, & qui ont l'air de petits grains de ſel pour la groſſeur. Il ſe forme des grains ſemblables ſur toutes les parois des chaudieres, au-deſſous de la croûte dont nous venons de parler ; & il ſe précipite au fond une quantité plus grande encore de ces mêmes grains. Lorſqu'on a porté la ſeconde cuite, on mouve la premiere & la ſeconde enſemble. Il y a des Rafineries où l'on mouve juſqu'à trois & quatre fois le ſucre dans les chaudieres, à meſure qu'on apporte de nouvelles cuites. Il ſe forme toujours, dans l'eſpace d'une cuite à l'autre, une nouvelle croûte ſur la ſurface du ſucre; & la précipitation du grain au fond continue de ſe faire auſſi. Enfin, on apporte les deux ou trois dernieres cuites. Lorſqu'on en fait ſix ou ſept ſans mouver le ſucre, on ſe contente de vuider tout doucement les nouvelles cuites dans les anciennes: la croûte alors ſe rompt dans un endroit ſeulement, parce qu'on laiſſe couler la liqueur très-lentement & en petit volume. Cette opération s'appelle *couler*: & c'eſt ce qui fait qu'on appelle les chaudieres de l'empli *chaudieres à couler*. Cependant les croûtes continuent de s'épaiſſir ſur la ſurface du ſucre. Les grains attachés aux parois des chaudieres s'augmentent, & deviennent comme des grains de ſel ordinaire; & le grain ſe dépoſe au fond des chaudieres, avec tant d'abondance, qu'on en trouve quelquefois, ſur-tout dans les ſucres faits avec de bonnes matieres, l'épaiſſeur de trois & quatre doigts: il ſe forme des mottes pelotonnées de ces grains de la groſſeur d'un œuf.

Lorſque la derniere cuite eſt vuidée, on gratte avec une ſpatule de fer, *Fig.* 3, tout le grain qui s'étoit attaché ſur les parois des chaudieres: enſuite avec le mouveron on détache le grain du fond des chaudieres; on mouve & on mêle avec ſoin tout ce grain avec ce qui eſt reſté liquide; & on ſe met auſſi-tôt en devoir de vuider le tout dans les formes. Pour cela on a ſoin d'avoir auprès des chaudieres de l'empli deux *canapes*, *Fig.* 4. Ce ſont des eſpeces de chevalets de menuiſerie dont le bois eſt de trois pouces d'équarriſſage; ils ont à-peu-près deux pieds de hauteur ſur 15 pouces de largeur, & ils ſervent à ſupporter les baſſins pendant qu'on les emplit. Souvent on met une table de plomb laminé ſur le canape; & elle forme une bavette dans la chaudiere, pour ne point perdre de ſucre.

Pendant que la derniere cuite, qu'on appelle *la cuite pour emplir*, eſt ſur le feu, on porte les formes tappées dans l'empli, & des Serviteurs les plantent, *Fig.* 5; c'eſt-à-dire, qu'ils les arrangent debout la pointe en en-bas, ayant grande attention que le bout évaſé ou le fond ſoit bien de niveau. On en met trois rangs les uns devant les autres: on n'en mettroit que deux ſi c'étoient des bâtardes*; car il faut que les Ouvriers qui portent les baſſins puiſſent emplir toutes les formes ſans paſſer entre-elles; ce qui ne ſe pourroit faire, ſi les trois rangs faiſoient une trop grande largeur. Quand on a établi trois rangs de formes dans toute la longueur de l'empli, on en établit trois autres pour être emplies dans la ſuite; & afin d'empêcher qu'elles ne ſe renverſent, on les appuie avec des formes caſſées, dont on met le fond en en-bas; & quand on met le ſecond ou le troiſieme rang, on ôte ces appuis pour les poſer vis-à-vis les formes qu'on plante actuellement, comme on le voit *Planche* VII. *Fig.* 5 & 14.

* On a eu tort d'en mettre un plus grand nombre aux *Fig.* 7 & 9.

Les canapes, *Fig.* 4, étant placées auprès des chaudieres *A*, *Fig.* 2, avec la bavette de plomb, & par-dessus les bassins de l'empli, *Fig.* 6, qui different peu des autres, (seulement leurs bords supérieurs n'ont point les oreilles qui se recourbent vers le dedans,) un Contre-Maître, *Fig.* 2, ou très-souvent les Serviteurs mêmes puchent le sucre, emplissent leurs bassins, & les portent jusqu'aux formes pour le vuider dedans. Quoi qu'il en soit, un Ouvrier, *Fig.* 2, puise du sucre dans la chaudiere avec un pucheux ou grande cuillere, & il en emplit les bassins *B* : les Serviteurs les prennent à mesure qu'ils sont pleins, en les saisissant par les anses, & s'aidant du devant d'une de leurs cuisses, contre laquelle le fond du bassin s'appuie, *Fig.* 7. Ils se rendent devant les formes plantées; ils font couler doucement le sucre cuit, encore fluide, par le côté du bec du bassin; & à cette premiere fois ils ne remplissent les formes qu'au quart; ils reviennent ensuite verser encore du sucre dans les mêmes formes qu'ils remplissent à demi : puis à une troisieme ronde ils les remplissent aux trois quarts, & ils finissent de les remplir avec le fond de la chaudiere, où il y a beaucoup de grain. On observe cet ordre en emplissant les formes, parce que le grain se formant à mesure que le syrop se refroidit dans la chaudiere de l'empli, si l'on emplissoit tout de suite les formes, les premieres ne contiendroient pas autant de grain que les dernieres.

Cependant l'usage d'emplir à quatre fois chaque forme n'a guéres lieu que pour les pains de 7 livres, lorsque du sucre des deux chaudieres de l'empli, on ne veut faire qu'un seul *empli :* (On appelle de ce nom une certaine quantité de pains qu'on emplit de plusieurs cuites réunies & amassées ensemble dans les chaudieres à couler : ainsi dans un jour on fait 4, 5, 6 & 7 emplis : c'est-à-dire, qu'on vuide les chaudieres de l'empli 4, 5, 6, & 7 fois : chaque empli est composé de 3, 4, 5, 6 cuites & plus, selon la quantité de pains qu'on veut faire à chaque empli, ou à chaque fois qu'on emplit.) L'usage ordinaire, sur-tout pour toutes les petites formes jusqu'aux 4 livres, est de ne les emplir qu'à deux fois. On emplit d'abord la forme au moins aux trois quarts; & on l'acheve ensuite avec du sucre plus en grain, qui se trouve au fond des chaudieres.

Quoiqu'on ait soin d'emplir les formes pendant que le sucre cuit est encore fort chaud, il se précipite, comme je l'ai dit, du grain crystallisé au fond de la chaudiere. On le gratte avec une spatule, *Fig.* 3; on le rassemble au milieu de la chaudiere; on le ramasse avec le pucheux; on le met dans les bassins, & les Serviteurs achevent de remplir les formes avec ce grain en partie formé qu'ils distribuent également sur toutes les formes.

On laisse le sucre se refroidir dans les formes. Quand le refroidissement est au point convenable, ce qui varie dans les différentes Rafineries, où l'on prétend que la beauté du sucre dépend beaucoup de cette circonstance : quoi qu'il en soit, quand on voit qu'il s'est formé à la superficie une croûte de grain, on

*opale*

*opale*, c'est-à-dire, que tous les Ouvriers prennent à la main ce qu'ils nomment *un couteau*, *Pl. VII. Fig. 9.* C'est un morceau de bois plat & mince long de 3 pieds & demi ou 4 pieds, suivant la grandeur des formes, large d'un pouce & demi, épais de cinq lignes au milieu, & qui diminuant d'épaisseur vers les deux côtés forme par les bords un tranchant mousse : le bout d'en haut est arrondi dans la longueur de 6 à 7 pouces pour y former une poignée. On brise, pour ainsi dire, le grain du sucre avec ce coûteau, comme le représente l'Ouvrier, *Fig. 9.* On plonge le coûteau perpendiculairement ; on le retire entierement, on le renfonce de nouveau, faisant trois fois le tour de chaque forme, comme nous l'expliquerons plus en détail dans un instant. On laisse encore les formes se refroidir une demi-heure, ou trois quarts d'heure, suivant la grandeur des formes; enfin quand il s'est formé sur la superficie des formes, une nouvelle croûte que le Rafineur juge assez épaisse en appuyant le doigt dessus, il fait *mouver* : cette opération se fait encore avec le coûteau, & elle n'est qu'une répétition de la premiere, qu'on nomme *Opaler*.

Les Serviteurs rompent les croûtes avec le coûteau à sucre ; puis ils enfoncent le coûteau jusqu'au fond de la forme : ils le retirent jusqu'à ce que le bout du coûteau soit sorti du syrop ; ils passent ensuite le plat du coûteau tout autour, le faisant couler contre le dedans de la forme pour en détacher le sucre, afin qu'il n'y ait pas un seul point de la concavité de la forme, où le sucre reste attaché ; & pour cela on fait trois fois le tour de la forme.

Il ne faut pas attendre trop tard à mouver ; car si le grain s'étoit rassemblé, & avoit commencé de faire masse, le coûteau venant à le briser, lui causeroit un préjudice considérable, parce qu'il formeroit dans la masse du grain, des sillons qui se rempliroient de syrop, ensorte que le sucre ne seroit jamais aussi serré dans ces endroits qu'ailleurs : l'eau de la terre pourroit y former des goutieres.

Le lendemain dès le matin, on monte les formes dans les greniers ou chambres hautes, par des trapes qui sont aux différens étages ; on les nomme *traquas*.

Quand les pains sont petits, comme les planchers des Rafineries sont bas, les Ouvriers se les donnent à la main : mais quand les pains sont gros, ils se servent pour monter les formes & les pots, de ce qu'ils appellent *un bourelet*, *Fig. 10.* C'est effectivement un bourelet de corde suspendu avec quatre cordons qui se réunissent à un crochet, comme au plateau d'une balance. Il est sensible qu'en mettant la forme dans ce bourelet, elle est soutenue fort droite ; alors avec la corde unique qui répond au crochet, & qui passe dans une poulie, on l'éléve à tel étage que l'on veut. Quand on a à monter des corps pesans, comme de la terre, on se sert, ou d'un baquet, *Fig. 11*, qui a deux anses qu'on saisit par deux crochets, *Fig. 12*, ou d'un seau qui n'a qu'une anse dans laquelle on passe un crochet unique, *Fig. 13*, comme on le voit *Planche* VI, *Fig. 23*, & *Planches* VIII. & IX.

*Fig.* 1. Cette communication des différens étages par les traquas, eſt commode & expéditive, tant pour monter que pour deſcendre les ſyrops, la terre, &c. Néanmoins pour deſcendre les ſyrops, on ſe ſert quelquefois d'une goutiere ou dalle : nous en parlerons dans la ſuite.

## *Des Opérations qui ſe ſont dans les Greniers.*

On laiſſe d'abord égouter de lui-même le ſyrop le plus coulant. L'endroit où le ſucre ſe purge ainſi de ſon premier ſyrop, s'appelle *le grenier aux pieces*, *Planche* VIII. Pendant que cette opération ſe fait lentement & d'elle-même, on retourne au rez-de-chauſſée pour préparer les terres ; enſuite on monte la terre préparée dans les greniers pour *terrer* ou mettre une couche de terre ſur le fond des formes ; enfin on donne quelques préparations aux pains pour les diſpoſer à être mis à l'étuve. Nous allons expliquer ces différentes opérations dans autant d'articles particuliers. Nous remarquerons ſeulement que dans quelques Rafineries, lorſqu'on en a la commodité, on laiſſe pendant quelques jours les groſſes piéces, comme les bâtardes fondues, couler leur premier ſyrop dans un endroit chaud, juſqu'à ce qu'elles ſoient bonnes à couvrir : enſuite on les ôte pour les planter & les gouverner ſans chaleur, juſqu'à ce qu'elles ſoient bonnes à découvrir; après quoi on les remet à la chaleur comme auparavant, afin qu'elles ſe purgent plus promptement : ces déplacemens n'ont point lieu pour les ſucres rafinés; ceux-ci reſtent ordinairement dans la chambre aux piéces où on les met au ſortir de l'empli, juſqu'à ce qu'ils entrent à l'étuve.

## *Du Grenier aux Piéces.*

Quand les pains, chacun dans leurs formes, ſont montés dans les greniers, on *détappe* chaque forme ; c'eſt-à-dire, qu'on ôte le bouchon de chiffon qui fermoit l'ouverture de la pointe ; & pour que le ſyrop s'écoule mieux, on perce la pointe du pain avec un poinçon emmanché dans un morceau de bois : ce poinçon ſe nomme *une alêne*, *Planche* VIII, *Fig.* 2. Sur le champ on poſe chaque forme la pointe en bas ſur un pot qui eſt proportionné à ſa grandeur, comme je l'ai dit plus haut. Ce qui ſe paſſe alors dans chacun de ces pains eſt tout-à-fait curieux. A peine ces formes ſont-elles ſur leurs pots que le ſyrop commence à dégouter. Les premieres goutes qui deſcendent par la pointe, operent ſur la patte, qui eſt la partie ſupérieure & la plus large, un leger changement de couleur. Juſqu'alors toute la patte paroiſſoit rougeâtre: elle commence à paroître tacheté de blanc. A meſure que le ſyrop dégoute peu-à-peu, le blanc de la patte augmente ; & au bout de 8, 10, 12 heures, pour le beau ſucre, elle paroît d'un jaune-clair tirant ſur le blanc. ( Ce blanc cependant eſt bien différent de celui que le ſucre acquerra ſous la terre ). On le laiſſe ainſi pluſieurs jours ſe purger, pendant leſquels il emplit preſqu'en entier le pot ſur lequel il eſt poſé.

Cependant il ne diminue point de volume, & il remplit la forme entiere, comme s'il n'avoit pas coulé une goute de ſyrop : mais ſon poids eſt conſidérablement diminué, parce que tout le ſyrop qui en eſt ſorti rempliſſoit exactement tous les interſtices qui ſe trouvent entre tous les grains qui compoſent ce pain ; lequel ne forme plus pour lors qu'un corps conſidérablement poreux.

Il ſe fait donc, par cette premiere opération, qui paroît le ſeul ouvrage de la nature, une ſéparation de deux ſubſtances bien différentes. D'une part, le ſel eſſentiel appellé *ſucre*, demeure dans la forme, ayant une conſiſtance ſolide, comme un grain ſec, épuré, d'une couleur blonde, & débarraſſé d'une liqueur qui le pénétroit & l'enveloppoit au point de paroître identifiée avec lui. D'autre part, il coule dans le pot une liqueur épaiſſe, gluante, rouge, & qui (par le travail, par lequel elle paſſera pour être réduite en bâtarde, comme on le verra dans la ſuite) ne peut plus rendre qu'un ſel d'une qualité fort inférieure à celle de la matiere qui l'a produit.

L'art du Rafineur paroît peu dans cette premiere opération, puiſqu'il ſemble n'y avoir de part que par la ſouſtraction de la tappe ou du bouchon de la pointe de la forme. Cependant on peut dire que cette opération ne peut avoir de ſuccès que par l'habileté du Rafineur, ou tout au moins de celui qui cuit le ſucre. Il faut qu'en cuiſant le ſucre il y laiſſe aſſez d'eau, pour que cette liqueur viſqueuſe, appellée *ſyrop*, ſe dégage aiſément des pores du ſucre ; & que d'un autre côté il n'en laiſſe pas trop, parce que la quantité de ce ſyrop ſeroit trop abondante, & que le grain, dont le pain demeureroit compoſé, formeroit un corps difforme par la groſſeur des molécules ou cryſtaux qui ne ſeroient plus ſerrés, & par la grandeur des interſtices.

Le ſyrop le plus coulant, celui qui eſt le plus gras & qui a le moins de diſpoſition à fournir du grain, s'écoule donc de lui-même dans le pot : alors les formes ſont poſées ſans ordre dans les greniers, *Planche* VIII, *Fig*. 3. On les y laiſſe en cet état à-peu-près huit jours, ſi les formes ſont de grandeur à faire du 4 ou du 6. Mais comme les belles caſſonades ſe purgent plus promptement que les moſcouades fort brunes, & comme le ſyrop s'écoule mieux quand l'air eſt chaud & humide, que quand il eſt froid & ſec, le mieux eſt de tirer quelques pains des formes, pour examiner en quel état eſt le grain ; car il ſeroit dangereux de laiſſer trop longtems le ſucre dans les formes avant de terrer : le grain ſe durciroit tellement qu'on ne pourroit retirer les pains des formes, & le ſyrop endurci ſur le grain l'abandonneroit difficilement ; ou bien l'eau de la terre, pour emporter le ſyrop, diſſoudroit la plus grande partie du grain.

Quand on travaille beaucoup, le grenier ſe trouve entiérement rempli de formes plantées ſur leurs pots : on a ſeulement eu ſoin de laiſſer à un des bouts un eſpace vuide, capable de tenir 120 ou 150 pots ; cet eſpace étant néceſſaire pour changer, ainſi que nous allons l'expliquer.

## *Ce que c'est que Changer.*

Les pots s'étant presque remplis de syrop, il courroit risque de se répandre, si on ne les vuidoit pas. D'ailleurs il est bon de mettre à part les différents syrops : car les premiers sont plus gras & moins bons, que ceux qui coulent ensuite. On ôte donc de dessous les formes les pots qui ont reçu le premier syrop : on les renverse sur de plus grands pots, *Planche* VIII. *Fig.* 4; on les y laisse s'égouter, & pendant ce tems on pose les formes sur d'autres pots vuides : c'est ce qu'on nomme *changer*.

## *Ce que c'est que Grater.*

Quand tous les pots d'un grenier sont changés, on commence l'opération qu'on nomme *grater*; pour cela on ôte deux formes de dessus leur pot, on les pose sur le bord de la caisse à grater, *Fig.* 5, comme on le voit *Fig.* 6, de façon que le bout évasé pose sur une des traverses de cette caisse, qui a 2 pieds de longueur, 16 pouces de largeur & 9 pouces de profondeur : ensuite avec un coûteau ordinaire on cerne tout autour de la base du pain, pour la détacher de la paroi intérieure de la forme; & le sucre que le coûteau détache, tombe au fond de la caisse à grater.

A mesure que les formes sont gratées, on les pose, le bout le plus large en bas, sur des planches placées sur les formes, *Fig.* 7, qui sont plantées sur leur pot, & on les laisse en cette situation une demi-heure ou trois quarts d'heure avant de les *locher*, c'est-à-dire, de les tirer de leurs formes.

J'ai dit qu'il convenoit de tirer les pains des formes avant qu'ils soient trop secs, afin de prévenir qu'ils ne contractassent trop d'adhérence avec la forme; & c'est pour cette raison qu'on grate pour détacher le fond des pains, parce que la partie la plus évasée du pain qui étoit en haut, s'étant plus desséchée que le reste, elle s'est plus attachée à la forme; & on tient le pain une demi-heure ou trois quarts d'heure avant que de locher, dans une situation renversée, afin que le syrop qui s'étoit rassemblé à la pointe, & qui l'avoit extrêmement attendri, retombe dans le corps du pain qui pourroit être trop durci. Par cette manœuvre, on fait ensorte que tous les pains prennent une solidité à peu-près uniforme; ce qui les dispose à sortir plus facilement des formes, ou à être lochés.

## *Comment on Loche.*

On prend les unes après les autres les formes gratées & retournées, comme on vient de le dire; on les porte sur un bloc, *Fig.* 8 pour les locher, c'est-à-dire, pour tirer les pains des formes. Alors on pose le plat de la main sur le bout évasé ou le fond du pain, on frappe à plusieurs fois & doucement le bord de la forme sur le bloc; & quand on sent que le pain quitte la forme, on la leve de la main

main droite; alors le pain reste sur la main gauche. On examine en quel état il est, si le pain est bien uni dans toute la longueur de la forme, si le grain a une couleur perlée; & si la tête où le syrop s'est rassemblé n'est point trop brune, on juge que le sucre a été bien rafiné; si au contraire on apperçoit des marques tirant sur le jaune ou sur le roux, ou même noirâtres, on peut être certain que le sucre est gras, & que pour emporter ces taches avec la terre, il faudra occasionner beaucoup de déchet. Aussi-tôt qu'on a examiné les pains, on les recouvre avec leur forme, & on les porte à l'autre extrémité du grenier pour les planter & former les lits. *Planter*, c'est mettre la forme le petit bout en bas sur un pot; & *former les lits*, c'est faire des bandes de formes qui traversent le grenier, *Fig. 9*, & qui soient composées de 12 formes posées à côté les unes des autres, si les formes sont pour des pains de deux ou de trois; on n'en met que dix, si les formes sont pour des pains de 4, & seulement 8, si elles sont pour des pains de 7 : ce qui détermine à ne donner qu'une certaine largeur aux lits, c'est pour qu'on puisse atteindre au milieu. On laisse donc entre chaque lit un sentier de trois pieds de largeur, & encore un pareil sentier dans toute la longueur du grenier, comme on le voit *Pl. VIII*, *Fig. 9 & 10*.

Quand tout est planté & disposé par lits, on fait les fonds, comme je l'expliquerai après avoir parlé de la maniere de mettre en poudre le sucre blanc qu'on doit employer à cet usage.

## *Maniere de piler le Sucre.*

On a besoin de sucre blanc pour mettre sur les fonds, comme je l'expliquerai dans un instant : ainsi quand on manque de cassonade blanche, qui est du sucre rafiné & terré qu'on envoye des Isles, il faut mettre en poudre des cassons : on ne se trouve gueres dans ce cas, parce que la plupart des cassonades qui viennent des Isles, sur-tout de Saint-Domingue, sont très-blanches; cependant il faut être attentif dans le choix des cassonades, qui sont plus ou moins blanches, suivant les endroits où l'on a coupé les pains; parce que, quelque soin qu'on ait eu à clarifier le vésou, il y a différentes nuances depuis la patte jusqu'à la tête, & l'effet de la terre n'est pas égal dans toute la longueur des grandes formes qu'on a coutume d'employer dans les Isles. Il suit delà qu'il y a des cassonades de bien des sortes différentes, & ce sont les plus belles qu'il faut choisir pour faire les fonds; mais comme elles ont été pilées grossiérement aux Isles, où l'on se contente de les briser assez pour les mettre en barils, on est obligé de les piler de nouveau : pour cela, on a une grande Pile, *Planche II. Fig. 12.* creusée dans un gros corps d'arbre de 14 à 15 pieds de long, sur 15 à 18 pouces d'équarrissage : la barique étant défoncée, on la renverse sur cette pile : on fait peu à peu tomber dedans le ſucre qu'elle contient, en le tirant avec un crochet, *Fig.* 14; & les ouvriers rangés le long de la Pile, & ayant à la main un pilon, *Fig.* 15, pulvériſent le ſucre; on le ramaſſe enſuite avec une pelle, *Fig.* 8, pour le jetter peu à peu ſur un crible de fil-de-fer, *Fig.* 13, qui eſt établi ſur un baquet, *Fig.* 16; & ce qui n'a pu paſſer par le crible, qu'on nomme *les crottons*, eſt rejetté dans la pile pour être pilé de nouveau. Comme le crible de fer a les mailles aſſez grandes: le ſucre paſſé n'eſt pas fort fin; il ſeroit mieux & peu embarraſſant d'avoir des cribles beaucoup plus fins.

Le lieu où l'on pile le ſucre eſt au rez-de-chauſſée auprès de l'Empli; ainſi pour monter le ſucre en poudre aux greniers, on le met dans des baquets à anſes, & on le monte par les traquas, comme on le voit *Planche VIII. Fig.* 1.

## *Maniere de faire les Fonds.*

Pour faire les fonds, on ramaſſe avec une truelle, *Planche VIII, Fig.* 11, tout le ſucre qui eſt tombé dans la caiſſe à gratter, *Fig.* 5 & 6; on le met dans un ſeau avec le ſucre qu'on a monté de la pile, & l'on va remplir avec cette même truelle, *Fig.* 11, le vuide qui ſe trouve au fond de chaque forme, juſqu'à un demi-pouce au-deſſous des bords, cet eſpace étant néceſſaire pour recevoir la terre. On unit bien cette couche de ſucre, & on la bat avec le plat de la truelle.

On conçoit que le ſyrop qui s'eſt écoulé dans les pots, a fait un vuide au haut de la forme; & ce vuide s'augmente encore lorſqu'on gratte, ſur-tout ſi l'on s'apperçoit que ſur la patte il ſe ſoit amaſſé du ſyrop qui forme des taches brunes: c'eſt pour remplir ce vuide qu'on ajoûte du ſucre rafiné & en poudre: il en faut environ cent livres pour faire les fonds à mille livres de ſucre. Si l'on y mettoit du ſucre liquide clarifié & cuit, il s'en échapperoit du ſyrop qui attendriroit & jauniroit le grain, au lieu que le ſucre en poudre n'ayant point à ſe purger, il ne peut produire ni dommage ni déchet; mais il faut bien unir & taper cette couche de ſucre en poudre; ſans quoi l'eau qui doit ſuinter de la terre qu'on va mettre ſur les fonds s'amaſſeroit dans les cavités, y feroit fondre le grain, & occaſionneroit des goutieres.

Quand les fonds ſont faits, on les couvre de terre; mais avant de détailler cette opération, il faut parler de la préparation de cette terre.

## *De la terre qu'on met ſur les Formes, & de ſa préparation.*

Quand, dans les laboratoires de Chymie, on eſt parvenu à obtenir des cryſtaux de ſel au milieu d'une eau-mere fort graſſe, ces cryſtaux empreints de cette eau-mere ſont jaunes; pour les éclaircir, on les lave, c'eſt-à-dire, qu'on jette deſſus de l'eau fraîche en grande quantité, qu'on renverſe ſur le champ, pour qu'elle emporte l'impreſſion de l'eau-mere ſans fondre ni diſſoudre les cryſtaux, qui par ce lavage deviennent beaucoup plus tranſparents. La même choſe ſe fait dans les Raffineries pour nettoyer le grain, en le dégageant du ſyrop gras qui lui ôte ſa blancheur & ſa tranſparence. Mais on s'y prend d'une façon très-induſtrieuſe : le ſucre étant dans les formes, on le couvre d'une couche de terre détrempée dans de l'eau : cette terre abandonne peu-à-peu l'eau qu'elle contient : cette eau traverſe par inſtillation toute l'épaiſſeur du pain de ſucre : elle diſſout le ſyrop ; elle l'emporte avec elle, & le grain du ſucre reſte blanc. Peu de terres ſont propres à cet uſage : toutes celles qu'on emploie en France, viennent d'auprès de Rouen ou de Saumur. Il n'eſt pas douteux qu'on en trouveroit ailleurs, ſi l'on ſe donnoit la peine d'en chercher. Elle doit être blanche, pour ne point colorer le grain : de plus, il faut qu'elle ſoit fine, déliée, ſans mélange de pierres ni de ſable : elle doit être graſſe au toucher, paîtriſſable, indiſſoluble par les acides : à bien des égards, elle reſſemble à la glaiſe ; mais elle en differe en ce que la glaiſe retient l'eau qu'on a employée pour la paîtrir, au lieu que la terre dont il s'agit, la laiſſe échapper peu-à-peu*. Si l'on met de cette terre détrempée ſur un filtre, l'eau s'écoule en partie, au lieu que l'humidité de la glaiſe ne ſe diſſipe qu'en vapeurs & par évaporation. Ainſi la bonté des terres qu'on emploie pour le ſucre, ſe réduit à peu-près aux trois conditions ſuivantes : 1°, de ne point teindre l'eau dans laquelle on la diſſout : 2°, de la laiſſer filtrer d'une maniere douce & inſenſible ; & 3°, de ne pas beaucoup s'imbiber de la graiſſe du ſucre.

Les terres qui colorent l'eau dans laquelle on les lave, pourroient imprimer leur couleur au grain qu'elles traverſent.

La terre graſſe & forte, qui ne rend point l'eau dont on l'a imbibée, ou qui la repouſſe vers la ſuperficie, où elle ſe diſſipe en vapeurs, n'eſt point propre à terrer le ſucre ; puiſque le bon effet des terres qu'on emploie, conſiſte dans une inſtillation qui lave le grain.

Les terres fort ſabloneuſes laiſſant échapper leur eau trop promptement, formeroient des fontaines dans les pains, ou au moins un grand déchet ſur le grain.

Enfin, les terres qui s'imbiberoient de la graiſſe & qui ne l'abandonneroient pas aiſément, ne pourroient pas ſervir une ſeconde fois ; ce qui occaſionneroit une perte qu'on évite avec les bonnes terres, qui ſervent continuellement ſans éprouver beaucoup de diminution.

La terre qu'on tire de Rouen arrive en pelottes comme des ſavonnettes ; celle de Saumur eſt ordinairement dans des barriques.

On la tire des futailles en la briſant à coups de pic & de pioche, *Planche* VIII. *Fig.* 12. Pour la préparer, on la jette avec la pelle dans le bac à terre, *Fig.* 13, qui a au moins 5 pieds de diametre ſur 4 pieds de hauteur : au milieu de la hauteur eſt un bondon qu'on ferme avec un tampon. Quand le bac eſt à

* Je crois que celle de Rouen eſt la même dont on fait les Pipes.

moitié plein de terre, on acheve de l'emplir avec de l'eau nette : alors un ouvrier monté ſur une planche *a b* qui eſt établie ſur le bac, remue fortement l'eau & la terre avec un inſtrument *b* emmanché en croix, *Fig.* 14. ou *c Fig.* 13, qu'on nomme *le piqueux du bac-à-terre.* Quand la terre s'eſt précipitée, & que l'eau eſt devenue claire, on débouche le bondon du bac pour laiſſer échapper l'eau : on remet enſuite le bondon & de nouvelle eau ſur la terre. On fait agir le piqueux : on laiſſe encore précipiter la terre pour vuider l'eau qui l'a lavée, & en remettre de nouvelle : ce qu'on nomme *raffraîchir.* Si on laiſſoit l'eau ſe corrompre ſur la terre, elle contracteroit une mauvaiſe odeur qu'elle communiqueroit au ſucre. On continue cette manœuvre pendant huit jours. Quand l'eau ne prend plus aucune impreſſion de couleur verte ni jaune, & qu'elle ne conſerve aucun goût de la terre, qui, par l'opération du piqueux, eſt devenue comme une bouillie au dernier raffraîchiſſage, on laiſſe échapper la plus grande partie de l'eau, juſqu'à ce qu'il n'en reſte ſur la terre qu'une nape de trois à quatre pouces d'épaiſſeur. Alors trois ou quatre Ouvriers prennent des mouverons, *Fig.* 15 : ils remuent la ſuperficie de la terre avec l'eau qu'on y a laiſſée ; & pour cela ils impriment à leurs mouverons à peu-près le même mouvement que des Rameurs donnent à leurs avirons. Quand la ſuperficie eſt bien détrempée, on poſe ſur un bloc, un ſeau de douves, cerclé de fer, & avec un pucheux on met dans ce ſeau la couche de terre qui eſt fort amollie ; après quoi on la porte à la *couleresse*, *Fig.* 16, qui eſt une forte timbale de cuivre, *Fig.* 17, de deux pieds de diamétre, percée de trous, qui ont une ligne ou une ligne & demie de diamétre. Cette paſſoire eſt établie ſur un bac, comme on le voit, *Figure* 16, & retenue avec quatre fortes moiſes de bois *a*, *b*, *c*, *d*, aſſemblées les unes avec les autres, *Fig.* 17. Au centre de cette paſſoire, tombe un balai, dont le manche paſſe librement dans un trou fair à une planche pour le recevoir ſans le gêner, afin de le retenir dans une poſition verticale. On verſe les ſeaux remplis de terre dans la couleresse, & un homme faiſant agir circulairement le balai, comme on le voit, *Fig.* 16, détermine la terre à paſſer par les trous, & à tomber dans le bac. Pendant cette opération, les ouvriers continuent à faire agir les mouverons dans l'autre bac, *Fig.* 13, & au bout d'un certain temps on enleve une autre couche de terre pour la porter à la couleresse; ce que l'on continue tant qu'il y a de la terre dans le bac. Quand elle a paſſé par la couleresse, elle eſt préparée : on eſt alors aſſuré que toutes les parties de la terre ſont délayées, & qu'elle eſt en état de ſervir.

Les *eſquives* ou les gâteaux de vieille terre, qu'on a levées de deſſus les formes & qu'on a fait ſécher à l'ombre, ſont traitées comme les terres neuves, & elles ſervent aux mêmes uſages. On les eſtime même mieux que les neuves ; on prétend qu'elles occaſionnent moins de déchet.

Les terres ainſi préparées ſont miſes dans des ſeaux ou des baquets, & montées

tées aux greniers par les traquas, comme on le voit, *Fig.* 1 ; suivons-les dans ces greniers pour voir couvrir.

### *Comment on couvre le Fond des Pains avec la Terre.*

QUAND les fonds sont faits, & que les formes sont arrangées par lits, *Fig.* 9 *ou* 10, comme nous l'avons expliqué plus haut, on les couvre d'une couche de terre. Pour cela, la terre préparée étant montée dans les greniers, un Serviteur, *Fig.* 10, prend à sa main une petite cuillier de cuivre, *Fig.* 18, qui peut contenir une pinte, sur laquelle est rivée une douille pour recevoir un manche de bois d'environ trois pieds de longueur.

La consistance de la terre doit être telle, qu'en y formant un petit sillon d'environ un pouce de profondeur, il ne doit se fermer entiérement que peu-à-peu : ainsi c'est une vraie bouillie.

Des Serviteurs, *Fig.* 10, prennent leur petite cuillier ; & avec cet instrument, ils puisent de la terre qui est dans le seau, & ils la versent sur les fonds. Comme il faut plus de terre pour les gros pains que pour les petits, on proportionne la grandeur des cuilliers à celle des pains.

Après ce que nous avons dit plus haut, on conçoit que l'opération de la terre consiste à laisser échapper son eau peu-à-peu pour laver le grain : il suit de-là que si l'on mettoit la couche fort épaisse, la quantité d'eau qui en couleroit feroit fondre beaucoup de grain, & produiroit un déchet considérable. C'est pourquoi il est bon de proportionner l'épaisseur de la terre à la qualité du sucre, en la mettant moins épaisse sur les sucres fins que sur ceux qui sont fort chargés de syrop épais. Au reste, l'épaisseur des esquives ou des gâteaux de terre, quand ils ont perdu leur eau, est de trois, quatre ou cinq lignes.

Pour que la terre travaille bien, quand elle est sur les pains, il ne faut pas qu'elle bouille ou qu'elle forme de grosses bouteilles, & elle ne doit répandre aucune odeur. On doit de plus prévenir qu'elle ne se desséche ou par le vent, ou par le soleil ; car il faut que son eau traverse les pains : c'est pourquoi on a soin de fermer exactement tous les contrevents.

Au bout de deux ou trois heures, on s'apperçoit si les fonds ont été mal faits : car si la terre se creuse en quelque endroit, c'est signe que l'eau ayant trouvé une issue plus libre par un endroit que par le reste, elle s'y est frayé une route qui pourroit former une goutiere, si l'on n'y remédioit pas en levant la terre & en battant du sucre en poudre aux endroits où les pains se sont creusés : cet accident arrive rarement.

On laisse cette premiere couche de terre se sécher sur les pains ; ce qui dure huit à dix jours, suivant que l'air est plus ou moins sec : quand on s'apperçoit que la terre a rendu toute son eau, on ouvre les fenêtres pour qu'elle se desséche, & qu'elle se détache plus aisément de dessus les pains.

Alors, pour découvrir les fonds, on cerne la terre tout autour des formes avec un couteau : on la leve de deſſus le fond : ce qui ſe fait aiſément quand elle eſt ſuffiſamment ſéche : on gratte avec un couteau ſur une caiſſe le côté de la terre qui touchoit au ſucre, pour en détacher les parcelles de ſucre qui pourroient y être reſtées adhérentes ; & les gâteaux de terre qu'on nomme *eſquives*, ſont mis dans des paniers, *Fig.* 19, pour les laiſſer ſécher à l'ombre : puis on les lave dans pluſieurs eaux, & on les prépare, comme je l'ai dit en parlant des terres neuves.

On broſſe le fond des pains ſur la même boëte où l'on a mis les parcelles de ſucre qui étoient reſtées attachées à la terre, & la broſſe, *Fig.* 20, emporte une pouſſiere noire qui reſtoit attachée au ſucre : alors on loche ou on tire quelques pains de leurs formes, *Fig.* 8, pour connoître l'effet de la premiere terre.

Le fond des pains eſt preſque toujours aſſez blanc ; mais les têtes ſont encore chargées de ſyrop : pour achever d'en purger le grain, on fait de nouveaux fonds avec du ſucre en poudre : ſur ces fonds, on met une ſeconde terre préciſément comme la premiere, & on la laiſſe ſe ſécher de même, tenant les contrevents fermés, afin que le hâle ne deſſéche point la terre. Cependant quand la terre a fait ſon effet, il eſt à propos d'ouvrir les contrevents pour qu'elle ſe deſſéche un peu, afin qu'on puiſſe l'enlever plus aiſément lorſqu'on veut mettre une troiſiéme terre.

Ordinairement on terre deux fois les pains de deux & de trois, trois fois les pains de quatre & de ſept : de ſorte qu'il arrive rarement qu'on terre quatre fois, même les plus gros pains & ceux qui ſont faits avec de la moſcouade ou ſucre brut. Car en général il faut ménager la terre aux ſucres qu'on fait avec des caſſonades blanches. Pour éviter le déchet, ſi en lochant on apperçoit du roux ou une impreſſion de ſyrop à la tête, on les raffraîchit ; ce qui ſe fait en mettant un peu de terre ſur l'ancienne, ſans l'enlever ni faire de nouveaux fonds.

Quand on s'apperçoit que le ſucre a peu baiſſé dans la forme, on a lieu de craindre qu'il n'ait pas bien purgé ſon ſyrop ; & pour s'en aſſurer, on cerne la terre tout autour de la forme ; on la renverſe ſur une palette de bois mince, *Fig.* 21, qui eſt ronde & plus large que le fond de la forme ; puis on *loche* ou on retire quelques pains de la forme, pour examiner s'il ne reſte point de roux ou de ſyrop à la pointe. S'il en reſte peu, après avoir remis le pain dans la forme & la terre par-deſſus, *on eſtrique*, c'eſt-à-dire, qu'avec un couteau de bois mince, flexible, *Fig.* 22, & courbe ſur ſon plan, on paîtrit la terre qui approche d'être ſéche, pour fermer les fentes, qui ſe ſont formées à la terre, afin de la réunir à la forme ; & par-deſſus, on met une couche de nouvelle terre, comme ſi l'on raffraîchiſſoit une ſeconde fois. Le premier raffraîchiſſage ſe faiſant une couple de jours après qu'on a mis la terre, elle ne s'est pas gersée; c'est pourquoi on est dispensé d'estriquer. Mais quand la terre est détachée de la forme, & qu'elle s'est fendue, il faut estriquer: car sans cette précaution, l'eau du raffraîchissage entreroit par les fentes, & endommageroit les fonds; au lieu qu'il faut qu'elle traverse l'ancienne terre.

Quand en lochant, on trouve le sucre bien net, même à la tête, on change les formes de pots pour vuider le syrop, & on les arrange dans les greniers, sans observer l'ordre des lits; ensuite on prend les pains les uns après les autres, pour ôter la terre qui s'enleve par pains ou esquives qu'on met dans des paniers. J'ai dit ce qu'on en faisoit; ensuite avec un couteau qui est fait comme un petit couteau de cuisine, on racle la terre qui étoit restée attachée à la forme, & on la met dans le panier aux esquives; puis on loche, & si le pain qu'on tire de la forme se montre bien blanc, on le remet dans la forme, & on le plamotte, c'est-à-dire, qu'on en épouste le fond sur une caisse, pour ne pas perdre le sucre qui se détache; & cette opération se fait avec une brosse à longs poils, *Fig.* 20: cette brosse est ronde; elle a environ quatre pouces de diamétre: les poils ont autant de longueur; la poignée qui est perpendiculaire au-dessus de la brosse, a cinq à six pouces de longueur, & elle est percée d'un trou pour recevoir un ruban, dans lequel le Locheur passe le poignet pour avoir sa brosse à portée de sa main.

A l'égard des pains qui se trouvent roux à la pointe, on les met à part pour les estriquer, ou pour recevoir une nouvelle terre; ce qui occasionne toujours un déchet préjudiciable au Propriétaire. C'est pourquoi ceux où il ne se trouve à la pointe qu'une petite tache, & qu'on nomme *des seconds*, sont remis dans leur forme avec leur terre par-dessus, qu'on plamotte sans raffraîchir. Cela suffit ordinairement pour dissiper la tache par le peu d'eau qui est contenue dans le pain; cette eau, en s'égoutant, emporte le peu de syrop qui formoit la tache. Mais on ne peut se dispenser de faire les fonds, & de mettre une terre à ceux où il reste des taches considérables, & qu'on nomme *des cadets*: si les cadets n'étoient pas fort défectueux, on pourroit se contenter de raffraîchir après avoir estriqué, & on se dispenseroit de faire de nouveaux fonds.

Quand la pointe des pains a perdu tout son roux, & qu'elle est nette de syrop, il seroit à désirer qu'elle se fût un peu desséchée: car comme toute l'humidité du pain descend à la pointe, il tombe dans les pots beaucoup de syrop clair, qui n'est autre chose que du sucre blanc dissous dans l'eau, qui s'égoutte de tout le pain; c'est une perte pour le Propriétaire; & comme une partie du grain de la tête se trouve fondue, cette partie du pain devient graveleuse: de plus, comme le grain y est moins rapproché, elle en paroît moins blanche. Ce n'est pas tout: ces têtes, très-attendries, sont sujettes à rester dans les formes; & en ce cas, au lieu d'avoir des pains marchands, on n'a que des cassons.

Pour prévenir cet accident, on retourne les pains, afin que l'humidité retombe vers le fond ou la patte. On met donc ſur le fond qu'on a plamoté, un morceau de papier bleu par deſſus une rondelle de bois mince, *Fig.* 23, & on retourne le pain ſans le ſortir de ſa forme : enfin, on poſe la rondelle qui couvre la baſe ou le fond ſur le pot, comme on le voit, *Fig.* 23 ; alors l'eau * deſcend vers le gros bout, & la tête devient un peu plus ferme. Mais il faut prendre garde que le fond ne s'attendriſſe trop : car alors le pain pourroit s'affaiſſer ſur lui-même. Il eſt vrai que comme il y a vers le fond une épaiſſeur de deux travers de doigt, qui ayant été faite avec du ſucre en poudre, & s'étant deſſéchée, reſte ordinairement plus ſolide que le reſte, on s'apperçoit ſi elle conſerve cette fermeté, en la grattant avec l'ongle ; mais ſi, à cette épreuve, on la trouvoit trop tendre, il faudroit retourner la forme & mettre la pointe en en-bas, pour prévenir que le fond ne s'affaiſsât ſous le poids du pain, quoique la rondelle de bois contribue beaucoup à prévenir cet inconvénient.

Quand au moyen de ces précautions, les pains ont pris une certaine fermeté, on les tire des formes, & on les arrange le gros bout en en-bas, dans les greniers, ſur des toiles qu'on étend par terre, *Planche* IX. *Fig.* 2, afin qu'ils ſe deſſéchent un peu avant de les mettre à l'étuve. C'eſt dans ces circonſtances, que les temps humides ſont à craindre : ils obligent quelquefois, quand la patte des pains ſe trouve trop tendre, de remettre les pains dans les formes pour les retourner : l'hyver, on allume les poëles, & on diſtribue des braſieres, *Planche* VIII, *Fig.* 24, dans les greniers ; & l'été, on ouvre les fenêtres, afin que le vent deſſéche les pains.

Je dis qu'on allume les poëles, ce qui ſuppoſe qu'on ſçait qu'il y a des poëles, dont les tuyaux fort larges traverſent tous les étages des greniers. On brûle du charbon de terre dans ces poëles, qui entretiennent une chaleur douce, néceſſaire pendant l'hyver ; car comme le frais rend le ſyrop moins coulant, il a plus de peine à ſe dégager du grain. Ils ſervent encore à empêcher que les terres ne gêlent ſur les fonds.

A l'égard des braſieres, qu'on nomme *caſſes-à-feu*, *Fig.* 24, elles ſont compoſées d'une poële ou braſiere de forte tôle, qui a vingt-cinq pouces de diamétre, & qu'on poſe ſur un trépied de fer. On met dedans du charbon de bois ; & quand il eſt allumé, pour prévenir les accidents du feu, on poſe ſur la poële un chapiteau de tôle percée de trous, ou un couvre-feu qui a la figure d'un cône tronqué : à la partie tronquée, qui a onze pouces de diamétre, il y a une poignée. On diſtribue de ces caſſes-à-feu dans les endroits où l'on a beſoin d'augmenter la chaleur.

* L'eau qui coule de la terre, emporte, comme nous l'avons dit, le ſyrop ; mais elle ne blanchit pas le ſucre qui a été mal clarifié. Un ſucre qui a été rafiné pour faire du ſucre commun, n'acquerra jamais la blancheur du ſucre royal ou du ſuperfin, quand on le terreroit quatre fois.

*Deſcription*

## Description de l'Etuve.

QUAND le sucre est bien essuyé, comme je l'ai expliqué plus haut, on le porte à *l'étuve*; c'est une espéce de pavillon quarré qui a dans œuvre 18 pieds de *a* en *b*, *Fig.* 3, & 10 pieds de *b* en *c*, *Planche* X. On en fait les murailles assez épaisses, comme de deux pieds ou de deux pieds & demi, pour que la chaleur ne s'échappe pas. La porte *c* ne doit avoir que 5 pieds & demi de hauteur, & 26 pouces de largeur entre les tableaux. Il est bon que les tableaux ayent des feuillures en dehors & en dedans, pour y mettre doubles venteaux, un qui s'ouvre en dedans & l'autre en dehors, afin de mieux retenir la chaleur. Une des murailles est encore ouverte en Q, pour y placer l'ouverture du poële, qu'on nomme *le coffre*, dans lequel on fait le feu. Ce coffre est de fer fondu, long de *g* en *e* de 30 pouces, large de *g* en *h* de 22, & haut de *i* en *k*, de 24 pouces, *Fig.* 1; l'épaisseur du fer est de 2 bons pouces: des six côtés qui forment le coffre, quatre sont de fer, & fondus d'une piéce, & deux sont ouverts, sçavoir celui du bout *g h*, *Fig.* 3, & celui de dessous *i l*; celui du bout *g h* entre de trois à quatre pouces dans la Maçonnerie, où il est exactement scellé avec des tuilots & de bon mortier, ou de la terre à four. Le vuide du dessous est appuyé sur une forte grille où se met le charbon de terre & le feu; sous cette grille, est un grand cendrier *E*, *Fig.* 1, dont la bouche est sous celle du fourneau & de même grandeur; en dedans de l'étuve & tout autour du coffre, s'éleve à 6 pouces de hauteur un petit mur de brique qui forme comme un socle, afin d'arrêter la fumée, & d'empêcher qu'elle ne pénétre dans l'étuve; au-devant du fourneau, est une porte fortifiée avec des barres de fer, & fermée avec un venteau de fer battu: elle a 13 à 14 pouces d'ouverture.

Le bas de l'étuve en-dedans est carrelé: la hauteur depuis le dessus du chambranle de la porte jusqu'au plancher d'en haut, se partage en six par deux rangs de soliveaux, *F*, *Fig.* 1, de 3 à 4 pouces d'équarrissage, qui sont scellés par les bouts dans les murs, sçavoir d'un bout dans celui où est le coffre, & de l'autre, dans le mur opposé: ces soliveaux & sablieres sont marqués *L* dans la *Fig.* 3; les deux soliveaux *M* sont coupés, & ils portent d'un bout sur une enchevêtrure G, desorte qu'il reste au milieu un espace vuide *m n o p*, *Fig.* 3, qui a 5 pieds & demi de *m* en *n*, & 7 pieds de *n* en *p*: ce vuide s'étend de toute la hauteur de l'étuve.

On cloue sur ces solives des barreaux qu'on nomme *lattes*, d'un bon pouce de largeur sur deux pouces d'épaisseur. Ils doivent être blanchis à la varlope, & faits de bois de chêne bien sec. C'est sur ces lattes, qu'on pose les pains de sucre sur tous les étages, depuis le dessus de la porte jusqu'au haut de l'étuve; ce qui fait six étages; de sorte que du dessus des lattes d'un étage au-dessous des solives d'un autre, il y a 21 pouces: le vuide qu'on laisse au milieu de l'étuve ſert à communiquer d'un étage à l'autre, afin d'y placer les pains de ſucre. Mais comme cette étuve eſt ordinairement priſe dans un des bâtimens de la Rafinerie, on ménage à différentes hauteurs des ouvertures *I*, *Fig.* 1, qui communiquent aux greniers dont les planchers ſont à la hauteur *KK*; ce qui eſt d'une grande commodité, pour mettre & retirer les pains de l'étuve. Ces ouvertures ſont exactement fermées par de bons volets. Il faut ſur-tout qu'il y ait une de ces fenêtres dans la chambre à plier, comme on le voit, *Planche* IX, *Fig.* 3, pour qu'on tire tout le ſucre de l'étuve par cet endroit, où l'on doit le mettre en papier & en corde.

Comme il pourroit arriver que les pains qui ſeroient au-deſſus du coffre, ſe romproient ou fondroient à cauſe de la grande chaleur du poële; pour éviter ce déſordre, qui pourroit mettre le feu à l'étuve, on établit au-deſſus du coffre une table de fer fondu, de 6 lignes d'épaiſſeur *H*, *Fig.* 1, qui eſt portée ſur un chevalet de fer. Cette table, qui ſeroit mieux encore ſi elle étoit plus grande que le coffre, empêche la grande action du feu de ſe porter ſur les pains qui ſont ſur l'étage le plus bas, & immédiatement au-deſſus du coffre, & elle reçoit les fragments de ſucre, qui, en tombant ſur le corps du coffre, y ſeroient brûlés.

Le haut de l'étuve à la hauteur *N*, eſt fermé par un fort plancher auquel on ménage des ouvertures de deux pieds en quarré *A*, *Fig.* 2, qu'on peut fermer avec une trappe.

Au commencement des étuves, quand il s'échappe beaucoup de vapeurs, on laiſſe toutes les trappes ouvertes: mais enſuite on en ferme quelques-unes pour concentrer la chaleur.

Dans une Rafinerie bien montée, il eſt à propos d'avoir deux étuves, parce que les gros pains étant plus difficiles à ſécher que les petits, il eſt bon qu'il n'y ait dans une étuve qu'une ſorte de pains; ce qu'on peut obſerver quand on a deux étuves.

Les portes des deux étuves ſont renfermées dans une eſpéce de tambour ou de veſtibule *M*, pour que les étuves ne ſoient point raffraîchies quand on eſt obligé d'en ouvrir les portes.

## *Maniere de mettre les Pains de ſucre à l'Etuve.*

QUAND les pains de ſucre ſont ſuffiſamment retirés, c'eſt-à-dire, quand l'eau répandue dans le corps du pain eſt tombée à la patte, & que la tête paroît n'avoir plus aucun nuage, on place un carteau auprès des pains que nous avons laiſſés ſur le plancher du grenier, *Planche* IX, *Fig.* 2. On poſe ce carteau ſur un de ſes fonds, *Fig.* 6; & ſur l'autre fond qui ſe trouve en haut, on met une planche, ſur laquelle un Ouvrier, *Fig.* 4, poſe ſix pains, comme on le voit, *Fig.* 6, ſi c'eſt du petit ou du gros deux, ou même du trois, qu'on veuille mettre à l'étuve : on ne mettroit ſur la planche que deux pains, ſi c'étoit du quatre ou du ſept; aſſez ſouvent même on porte ces derniers un à un, mettant une main ſous le pain, pendant que l'autre main le ſupporte vers la moitié de ſa longueur.

Il faut de l'adreſſe pour manier ces pains : comme ils ſont néceſſairement fort tendres, ils courent riſque d'être endommagés dans ces tranſports. Quand quelques-uns ſe ſéparent en deux, comme le repréſente la *Fig.* 5, on rajuſte exactement les deux piéces, & la chaleur de l'étuve ſoude les morceaux : mais ces pains reſſoudés ne rendent point de ſon quand on les frappe, lorſqu'ils ſont tirés de l'étuve. Pluſieurs pains ſont rompus de façon à ne pouvoir être raccommodés; & on eſt obligé de les vendre pour caſſons, ou de les remettre dans le ſucre.

Les pains étant portés à l'étuve, des Ouvriers qui ſont dans l'intérieur établis ſur des planches qu'on poſe ſur les ſolives, les reçoivent un à un, & ſe les donnent de main en main, pour les arranger ſur les lattes, comme on le voit par la fenêtre, *Fig.* 3. Quand tous les étages de l'étuve ſont garnis de ſept à huit cents pains, on allume le feu qu'il faut conduire avec ménagement, ne faiſant les premiers jours qu'un feu très-léger, qu'on augmente inſenſiblement : on ne doit confier le ſoin de gouverner le feu qu'à un homme prudent & ſtylé à cette manœuvre : car ſouvent il arrive qu'après avoir mis de beau ſucre à l'étuve, on le retire très-gris, parce que le feu a été mal gouverné, & trop forcé les premiers jours.

Si, dans les grandes chaleurs de l'été, on expoſoit quelques pains au ſoleil dans un endroit où il n'y auroit point de pouſſiere, ces pains ſe deſſécheroient à la longue, puiſque le ſoleil des beaux jours d'été fait monter le thermométre à 60 dégrés, & que ſouvent la chaleur de l'étuve n'eſt pas de 55 : & ces pains ſeroient extrêmement blancs; mais ce moyen qui a été éprouvé ſur quelques pains, eſt impraticable en grand; il faut néceſſairement avoir recours aux étuves : & dans les étuves, il eſt important de faire d'abord un feu modéré. On ſçait par expérience qu'une chaleur douce ſéche le ſucre, & qu'une chaleur trop vive le rouſſit.

Quelquefois la ſuperficie des pains qu'on tire de l'étuve, eſt inégale & raboteuſe : c'eſt un défaut qu'on nomme *raſlage* : mais le raſlage n'eſt point occaſionné par la chaleur de l'étuve. Quand les pains y entrent, ils ſont ce qu'ils ſeront toujours; ils ne craignent que le coup d'étuve. Le raſlage vient de ce qu'un pain eſt ou mal mouvé, ou mouvé trop froid, ou tiré de ſa forme trop-tôt.

Quand d'abord l'étuve a été chauffée très-vivement, on apperçoit un côté des pains qui eſt un peu roux, ou bien on voit çà & là des taches rouſſes : c'eſt ce qu'on appelle *des coups d'étuve*. Enfin, il arrive encore que les pains qu'on a mis trop humides dans l'étuve, & qui y reçoivent une chaleur trop vive, ſe couchent les uns ſur les autres, & qu'ils ſe ſoudent aux parties qui ſe touchent: cela s'appelle *du ſucre qui a foulé*. Au contraire, quand on échauffe l'étuve peu-à-peu, l'humidité ſe réduit en vapeur; elle ſe diſſipe inſenſiblement, & les pains ſortent de l'étuve unis, blancs & ſonores.

On augmente le feu par dégrés, juſqu'à faire monter le thermométre de M. de Reaumur à peu-près à 50 dégrés au-deſſus de zéro.

Les pains reſtent plus ou moins de temps à l'étuve, ſuivant leur groſſeur: mais la durée commune d'une étuvée, eſt de huit jours. Bien loin qu'il y eût de l'inconvénient à la faire durer plus long-temps, on croit qu'il y auroit de l'avantage. Néanmoins quand les envois preſſent, on veille l'étuve pour mettre du charbon dans le coffre pendant la nuit : mais ordinairement on ſe contente d'en mettre le ſoir; & comme le travail des Rafineries commence de bon matin, l'étuve ſe trouve peu refroidie.

Pour connoître ſi le ſucre eſt ſuffiſamment étuvé, on tire un pain de l'étuve; on le rompt, comme le repréſente la *Fig.* 5, avec le couteau & le maillet, *a*, *b*: enſuite ayant ſéparé les morceaux, on appuye l'ongle ſur le ſucre dans l'axe du pain; s'il réſiſte, on juge que le ſucre eſt ſuffiſamment étuvé; s'il céde ſous l'ongle, c'eſt une preuve qu'il ne l'eſt pas aſſez.

Il ne faut pas retirer tout d'un coup le ſucre de l'étuve; les pains ſe gerſeroient en une infinité d'endroits, comme le verre & la porcelaine qu'on refroidit ſubitement; & ces pains, ainſi gerſés, ne rendroient point de ſon : ce qui diminue de leur prix; quoique réellement le ſucre en ſoit très-bon. Néanmoins on a raiſon d'exiger que les pains rendent du ſon : car c'eſt une marque qu'ils ſont bien deſſéchés dans l'intérieur; ceux qui renfermeroient de l'humidité, ne rendant point de ſon quand on les frappe. On ouvre donc les évents & les portes de l'étuve, pour laiſſer la chaleur ſe diſſiper, & quand l'étuve eſt en partie refroidie, des Ouvriers s'établiſſent ſur des planches poſées ſur les ſolives qui forment les étages; ils prennent les pains, & ſe les donnent les uns aux autres. Celui qui ſe trouve auprès d'une des portes, les arrange ſur une planche, comme lorſqu'on les a portés à l'étuve; & des Serviteurs les tranſportent ſur ces planches, *Fig.* 7, dans ce qu'on appelle *la chambre à plier*. Autant qu'on le peut, il y a une des portes de l'étuve qui répond ou à cette chambre, ou au moins fort près; & en ce cas, les Ouvriers qui ſont dans l'étuve, ſe donnent les uns aux autres les pains pour les ſortir tous par cette porte.

Dans pluſieurs Rafineries, on ne met point les pains ſur une planche pour les porter à la chambre à plier : les Serviteurs qui ſont au-dehors de l'étuve, reçoivent les pains à la main, & les poſent ſur leur bras gauche, ſur lequel ils ont étendu une feuille de papier gris. Ils embraſſent ordinairement ſix pains, ſi c'eſt du grand ou du petit deux; quatre pains ſi c'eſt du trois, & ainſi en diminuant, à meſure que la grandeur des pains augmente.

De

## *De la Chambre à plier & de ce qui s'y fait.*

ON porte les pains qu'on tire de l'étuve dans la chambre à plier, & on les pose doucement sur des tables revêtues de tapis de drap, *Fig.* 8. Plusieurs Ouvriers se placent devant cette table : chacun prend un pain, & il examine s'il n'a point de défaut, tels qu'une petite rupture, une tache rousse, un coup d'étuve, &c. Ceux qui sont exempts de tous défauts, se nomment *blancs*, & on les met en papier & en corde sans aucune marque. Ceux qui ont quelqu'un des défauts dont je viens de parler, se nomment *restés :* on les met aussi en papier & en corde; mais, pour les faire connoître au Marchand, on les marque en relevant un coin du papier qui enveloppe la pointe du pain, & qu'on nomme *gonichon.* Quand les ruptures de la tête ou de la patte sont plus grandes, on met les pains à part, & on les vend pour cassons, sans papier ni cordes. Si la tache de la tête, produite par le coup de feu, étoit grande ou fort rousse, on romproit cette partie, & le reste feroit un casson. Voici maintenant comment on met les pains en papier.

Un Ouvrier pose devant lui une feuille de papier bleu *a b c d*, *Fig.* 9. Il couche dessus un pain qui déborde le papier par sa tête de la moitié de sa longueur, de façon que la patte réponde au milieu de la feuille de papier : puis prenant l'angle *a*, il le porte en enveloppant le pain vers *e* : ensuite il prend l'angle *b*, qu'il porte vers *f*: il appuie sur la partie du papier qui déborde le pain, pour la rapprocher de la patte, & en ayant rapproché de même les deux côtés, il frappe la patte du pain enveloppée de papier sur la table, pour applatir tous les plis : c'est ce que fait l'Ouvrier de la *Fig.* 8.

Il ne reste plus qu'à couvrir la tête par un cornet, qu'on nomme *gonichon*, *Fig.* 10. Pour le faire, l'Ouvrier pose devant lui en diagonale une demi-feuille de papier bleu, & par-dessus une demi-feuille de papier blanc, pour empêcher que la couleur du papier ne tache le sucre.

Il pose la tête du pain qui est enveloppé par la patte, sur un des angles de la demi-feuille qui doit faire le gonichon : il roule l'angle *h*, puis l'angle *k* autour du pain, pour former un cornet qui enveloppe la pointe du cône : enfin, il tortille le papier qui excéde le pain, comme l'extrémité d'un cornet; & il donne dessus un coup du plat de la main, pour écraser cette partie, comme on le voit, *Fig.* 11.

Pour mettre les pains en corde, *Fig.* 12, l'Ouvrier tortille l'extrémité de la corde autour du doigt index de sa main droite, avec laquelle il saisit la pointe du pain, en l'inclinant un peu; il passe avec sa main gauche la corde sous la patte du pain; il la conduit avec la même main sur la pointe; & la passant encore sous la patte, il forme une croix; il finit par l'arrêter, en faisant un nœud avec le bout de la corde qu'il avoit tortillée autour de son doigt. Les pains étant mis en papier, & cordés, sont en état d'être livrés aux Marchands. On les arrange par espéce dans des cazes, *Fig.* 13. Quoique les magasins soient assez secs, les pains deviennent un peu plus pesants qu'ils n'étoient au sortir de l'étuve; & les Détailleurs, pour obtenir du bénéfice sur le poids, conservent leurs sucres dans des salles basses assez humides.

Le sucre royal est mis en papier comme l'autre, excepté qu'on l'enveloppe dans du papier fin violet; & qu'en-dedans, on met un papier blanc, tant pour le fond que pour le gonichon.

Les Rafineurs tirent leur papier en rame des Papeteries; & les Rafineries sont la cause de l'établissement de plusieurs Papeteries, qui entretiennent un bon nombre d'Ouvriers, ce qui fait un grand bien dans les Provinces où elles sont établies.

Je crois qu'on enveloppe le sucre dans du papier bleu, parce que cette couleur fait paroître le sucre plus blanc. Il arrive quelquefois, dans le transport, que le bleu du papier se décharge sur le sucre; c'est pour prévenir cet inconvénient, & ménager la blancheur des sucres fins, qu'on met un papier blanc sous le bleu, principalement à la tête, parce que c'est la partie qu'on examine le plus ordinairement quand on achete du sucre; d'ailleurs, comme on vend le papier & la corde avec le sucre, on n'a aucune raison de l'épargner.

Quand les pains sont vendus, on met à une grosse balance que nous avons représentée en petit, *Fig.* 14, un grand panier qu'on remplit de pains, pour les peser tous ensemble : ensuite on les arrange dans de grands tonneaux, *Fig.* 15. Pour cela, un homme entre dans le tonneau : il arrange les pains tout près les uns des autres sur le fond du tonneau, le gros bout en en-bas; & il forme ainsi le premier rang : au second, il met les pointes en bas, & il marche sur les fonds, pour que les pains soient bien serrés les uns contre les autres. Quand le tonneau est plein environ aux deux tiers, il en sort; il descend à terre; &, monté sur un marche-pied, il acheve de le remplir, observant toujours le même ordre dans l'arrangement des pains. Néanmoins, quand le tonneau ne peut pas tenir trois rangs de pains, le gros bout en en-bas, ce qu'on appelle *trois hauteurs*, alors on couche le troisiéme rang : cela s'appelle dans les Rafineries, *faire une rosette*. Le tonneau étant plein, on l'enfonce, & on cloue un cerceau dans le jable : alors le sucre est en état d'être voituré, par charrois ou par eau, au lieu de sa destination.

## *Des Ecumes & de la façon d'en retirer le Syrop.*

J'AI dit, en parlant de la clarification du sucre, qu'on mettoit les écumes dans un bac ou dans une chaudiere roulante; & j'ai ajoûté que ces écumes contenoient beaucoup de bon syrop, & pouvoient fournir beaucoup de grain.

Il y a des Rafineurs qui ne cuiſent, ou en terme d'Art, ne *raccourciſſent* leurs écumes, que quand ils en ont raſſemblé une aſſez grande quantité ; mais d'autres les raccourciſſent à meſure qu'ils en ont, ayant une chaudiere uniquement deſtinée à ce travail. Je crois que cette pratique eſt fort bonne ; car plus on laiſſe le ſyrop fermenter, plus on perd de grain.

La *Planche* IX, *Fig.* 16, repréſente une chaudiere montée ſur ſon fourneau, comme celles qui ſont deſtinées pour clarifier ou pour cuire ; on poſe ſur les glacis deux bouts de ſoliveaux, ſur leſquels on met un panier, & dans ce panier une poche, *Fig.* 17, d'une forte toile de Guibray : tout cela ſe voit, *Fig.* 16.

On porte dans des baquets les écumes qu'on puiſe avec un pucheux, & on les met dans une chaudiere à clarifier ; on y ajoûte quelques baquets d'eau de chaux ; on allume le feu ſous cette chaudiere ; & avec un mouveron, on braſſe fortement les écumes avec l'eau de chaux.

Quand les écumes paroiſſent bien fondues avec l'eau, on les verſe dans la poche ; & ce qu'il y a de plus coulant, tombe dans la chaudiere, *Fig.* 16. Mais comme il reſteroit encore beaucoup de ſyrop dans les écumes, on rabat ſur elles les bords de la poche, qui en premier lieu étoient renverſés ſur les bords extérieurs du panier ; & on met ſur la poche & dans le panier, le rond aux écumes, *Fig.* 18, qui eſt fait de pluſieurs planches retenues par des barres avec deux anſes de corde : on charge ce rond de pluſieurs poids ; ce qui forme une eſpéce de preſſe, qui fait ſortir le ſyrop des écumes. Quand elles ſont bien égouttées, on allume le feu ſous la chaudiere, *Fig.* 16, pour donner au ſyrop un certain dégré de cuiſſon qui n'eſt pas ſuffiſant pour prendre la preuve ; on ſe contente de le concentrer, ou en terme de l'Art, *de le raccourcir ;* car ce ſyrop ne doit point être mis dans les formes : on le mêle avec les caſſonades, ainſi que les autres ſyrops fins, pour être clarifié, & enſuite cuit, comme nous l'avons expliqué ; car le ſyrop qu'on tire des écumes eſt moins gras que tous les autres. Pour reconnoître ſi ce ſyrop eſt aſſez cuit, c'eſt-à-dire, ſi les écumes ſont ſuffiſamment raccourcies, on plonge l'écumereſſe dans le ſyrop ; puis la plaçant ſur ſon tranchant, la nappe de ſyrop doit ſe rompre & ſe couper par flocons. Comme il arrive ſouvent qu'on ne clarifie pas quand on cuit les écumes, on met leur ſyrop dans des baſſins pour en remplir de grands pots que l'on conſerve juſqu'à ce qu'on clarifie des moſcouades ou des caſſonades.

Quand on clarifie des moſcouades fort brunes, les écumes ſont graſſes ; & en ce cas, au lieu de mettre le ſyrop dans le ſucre, on le met en formes, que l'on traite comme des vergeoiſes.

## *Du Travail des Syrops.*

J'AI dit que quand on avoit laiſſé s'écouler les premiers ſyrops, on changeoit de pots, & que les premiers ſyrops étoient plus rouges & moins propres à fournir du grain, que ceux qui couloient après qu'on avoit changé : ceux-ci ſont aſſez bons pour rentrer ſans aucune préparation dans le ſucre.

Les plus fins & les meilleurs de tous les ſyrops, ſont ceux qui coulent dans les pots après qu'on a terré; ce n'eſt preſque que du ſucre fondu. Ainſi les ſyrops fins doivent ſans aucune préparation rentrer dans les chaudieres avec les caſſonades qu'on va clarifier. Les opérations dont nous allons parler, ne regardent donc que les premiers ſyrops.

Quand on en a raſſemblé une ſuffiſante quantité, les chaudieres n'ayant point leurs bordures, on met des porteux ſur les glacis, & on renverſe deſſus des pots remplis de ſyrops, *Planche* IV, *Fig*. 4, juſqu'à ce que les chaudieres ſoient à moitié pleines. On verſe environ trois baquets d'eau de chaux ſur dix-huit pots de ſyrop : bien entendu que toutes ces proportions varient ſuivant la qualité du ſyrop; plus il eſt roux & épais, plus il faut d'eau de chaux. On allume le feu : on ne verſe point de ſang pour clarifier; mais on cuit juſqu'à preuve.

Dans cette cuiſſon, le bouillon s'éleve beaucoup; & il faut continuellement mouver, pour empêcher que le bouillon ne ſe répande hors les chaudieres. Les Ouvriers ont imaginé un moyen bien ſimple & très-ingénieux, de s'épargner cette fatigue. Ils mettent dans le ſyrop qui bout, *Pl*. IX. *Fig*. 19, une forme de bâtarde qui eſt caſſée par la pointe : cette forme par ſon poids tombe au fond de la chaudiere, & s'y tient droite, étant appuyée ſur ſon fond ; la pointe du cône tronqué doit excéder le ſyrop de cinq à ſix pouces. Le bouillon s'éleve dans ſon intérieur, & il ſort en forme de jet par l'ouverture d'en haut ; ce jet ſe répand tout autour, & retombe ſur le ſyrop dont il abaiſſe le bouillon, préciſément comme ſi l'on verſoit continuellement de l'eau bouillante dans le ſyrop; de ſorte que par cette induſtrie les Ouvriers ſont diſpenſés de faire continuellement agir le mouveron. On fait plus communément uſage de cette forme pour des écumes qui s'enflent beaucoup en raccourciſſant, que pour des ſyrops que l'on cuit pour les mettre en formes de bâtardes.

Il eſt bon de remarquer que quand on fait des bâtardes, on ne ſe contente pas de cuire les ſyrops dans la ſeule chaudiere à cuire; le travail iroit trop lentement; mais on cuit en même-temps & dans les deux chaudieres à clarifier, & dans celle à cuire ; c'eſt ce qui fait qu'on peut dans une journée remplir ſix chaudieres dans l'empli.

Pendant que le ſyrop ſe cuit, on a préparé cinq ou ſix chaudieres roulantes dans l'endroit qui précéde l'empli, ou dans l'empli même; & quand le ſyrop eſt à ſon dégré de cuiſſon, on le tranſporte dans les chaudieres, en diſtribuant le ſyrop dans les ſix ; ce qui s'appelle *faire des rondes*. Quand on a ainſi vuidé les chaudieres à cuire, s'il reſte des ſyrops, on fait ſur le champ une autre cuite ; & par d'autres rondes, on tranſporte le ſyrop dans les mêmes chaudieres ; ce

que

que l'on continue jufqu'à ce que les fix chaudieres foient pleines. Quand les fix chaudieres de l'empli font pleines, on emplit les grandes formes de bâtardes, qu'on a tappées & plantées dans l'empli; mais on remplit ces formes encore par rondes, ne vuidant dans chaque forme qu'environ le fixiéme de ce qui eft dans chaque baffin, pour qu'il y ait dans chaque forme du fyrop de chacune des fix chaudieres. On laiffe les formes fur leur tappe pendant deux ou trois fois vingt-quatre heures.

Après ce repos, un Ouvrier faififfant une forme entre fes deux bras, il la fouleve; & donnant un coup de genou, il la porte en avant; mais comme il a eu la précaution de mettre un de fes pieds fur un bout de la tappe, elle s'arrache; fur le champ, foulevant encore la forme, & donnant un coup de genou, il tranfporte la pointe au milieu d'un bourrelet; il en fouleve les cordes, & paffant dedans un levier, deux Ouvriers mettent le levier fur leurs épaules: ils portent la forme fous un traquas qui répond au grenier aux piéces, ou à la purgerie; on les y monte; fur le champ, on les couche fur un canapé, *Fig.* 20, pour les percer avec une *manille*, qui eft une cheville de bois dur, *Fig.* 22. On met fous la pointe de la forme un feau ou un baquet, dans lequel il y a de l'eau, pour recevoir le peu de fyrop qui coule, & pour y tremper la prime, afin qu'elle entre plus aifément dans la tête du pain. Car après avoir enfoncé la prime d'une certaine quantité, on la retire; on la trempe dans l'eau du feau, & on l'enfonce de nouveau; ce qu'on répete à plufieurs reprifes, parce qu'il faut que la prime entre dans la forme, de huit à dix pouces, & en mouillant la prime, on humecte un peu le grain; ce qui facilite l'entrée de la prime, & détermine le fyrop à couler dans le pot.

On met les piéces bâtardes fur leur pot, *Fig.* 23, pour laiffer égoutter leur fyrop pendant environ quinze jours: puis on change, & on plante les piéces fans former de lits, mais avec l'attention de les mettre de niveau; & pour cela on effaie des pots de différente hauteur, afin que par tout le grenier la furface des formes foit égale: car comme elles font fortes, on met des planches deffus, pour porter un Ouvrier, qui étant à genoux, fait les fonds avec une truelle; & il les couvre de terre moins chargée d'eau que pour les fucres fins, afin que l'eau qui fort de la terre emporte moins de grain, qui eft gras & tendre. On raffraîchit ces bâtardes une fois ou deux, fuivant qu'on juge que le grain en a befoin. Quand les terres font féches, on les ôte, & néanmoins on laiffe les bâtardes s'égoutter pendant deux ou trois mois.

De temps en temps on loche, pour vifiter en quel état font les pains; mais comme ces pains font fort lourds, on loche par terre: fi ces bâtardes paroiffent encore trop chargées de fyrop, on dit qu'elles font *trop vertes*, & on les laiffe encore s'égoutter. S'il n'y a que la tête qui foit rouffe, on tire les bâtardes de leurs formes; & fouvent une partie de la tête refte dans la forme: mais foit que cela arrive ou non, on coupe avec une ſerpe tout ce qui eſt roux, & on le joint avec les têtes, pour être recuit comme nous le dirons. Le reſte eſt mis dans les chaudieres à clarifier avec le ſucre brut ou la caſſonade.

Pour retirer les têtes qui ſont reſtées dans les formes, on poſe les formes le fond en bas ſur le ſucre brut, *Fig.* 24, qu'on a coupé avec la ſerpe : on paſſe par le trou de la tête une prime de fer, *Fig.* 25, comme on le voit, *Fig.* 24; & en tournant circulairement ſa prime, le ſucre qui étoit reſté à la tête, tombe; on met une autre forme à la même place; on agit de même avec la prime; & quand on a ramaſſé une ſuffiſante quantité de têtes, on en fait *une fondue*, comme je vais l'expliquer.

## *Maniere de faire les Fondues de Têtes.*

On porte les têtes, & le ſucre qu'on a coupé avec la ſerpe, dans une chaudiere montée : on y ajoûte un peu d'eau de chaux, ſeulement ce qu'il en faut pour fondre le grain : on allume un peu de feu pour faciliter la fonte du ſucre dans l'eau de chaux; on mouve & on braſſe bien le ſucre avec l'eau de chaux; on ne cuit point complettement; mais quand le ſucre eſt bien chaud, on le porte dans une couleresse qu'on a établie ſur une chaudiere roulante; & avec un mouveron, on briſe les morceaux de ſucre qui n'étoient pas fondus, pour les faire tomber dans la chaudiere. Quand tout eſt paſſé, on ôte la couleresse, & on mouve encore dans la chaudiere pour achever de diſſoudre le grain : pendant que le ſucre eſt encore fort chaud, on en emplit des formes de bâtardes : quand elles ſont refroidies, on les détappe, & on laiſſe couler le ſyrop; au lieu de les terrer comme les bâtardes, on les deſcend dans une cave qu'on échauffe beaucoup pour rendre le ſyrop plus coulant; & le grain qui reſte dans les formes, eſt mis avec les ſucres bruts & les caſſonades, dans les chaudieres à clarifier : c'eſt ce qu'on appelle *des fondues* ou *têtes fondues*.

On ſçait que le ſyrop qui s'écoule le premier de toute eſpéce de forme & de ſucre, eſt plus gras & moins diſpoſé à fournir du grain, que les ſyrops qui coulent enſuite. Or les ſeconds, & même les premiers ſyrops qui viennent des bâtardes dont nous venons de parler, ſe cuiſent comme les ſyrops dont on a fait les bâtardes. On les met de même en formes ſans les terrer; & le grain qui en provient, s'appelle *vergeoiſe*. Ce grain, quand il a coulé ſon ſyrop, eſt refondu, comme on l'a vu ci-deſſus pour les têtes; & alors ces piéces ſe nomment *des fondues de vergeoiſe*, comme on appelle les autres *des fondues de têtes*. On terre ces fondues de vergeoiſe; & le ſucre qui en provient, entre dans le ſucre fin.

Lorſque les vergeoiſes ne ſont pas belles, & qu'elles ont mal rendu leur ſyrop, on les refond de nouveau comme les têtes de bâtardes, avec un peu d'eau de chaux, & à une chaleur douce.

Ces vergeoiſes ainſi refondues, ſe nomment des *verpuntes*, que l'on fond quand elles ont coulé leur ſyrop ; & elles font conjointement avec les vergeoiſes ce qu'on nomme *les fondues de vergeoiſe.*

On n'envoie ordinairement en Hollande que les ſyrops de vergeoiſe, de verpunte & de fondues de vergeoiſe non-couverts : tous les autres ſe recuiſent pour en tirer dans les Rafineries tout le parti poſſible.

Il eſt vrai que quand les ſyrops en bariques ſont chers, il y a autant de profit à envoyer en Hollande ceux qui viennent les premiers des bâtardes avant qu'ils ſoient terrés : mais on ne le pratique pas dans les Rafineries de l'intérieur du Royaume. Celles de Nantes, de la Rochelle, de Marſeille, étant à portée de l'embarquement, peuvent y trouver quelque avantage : mais comme à Orléans, il faut envoyer les ſyrops à Nantes, en payer la voiture, le coulage & la commiſſion au lieu de l'embarquement, avec d'autres frais qui réduiſent le profit à rien, il eſt plus avantageux de travailler ces ſyrops pour en retirer tout le grain.

A l'égard des *barboutes*, qui ſont la partie la plus graſſe des ſucres bruts, on fond cette moſcouade inférieure comme les têtes de bâtardes, ſéparément ou avec ces têtes. On les met dans des formes pour couler leur ſyrop : on les terre enſuite comme les bâtardes, & elles rentrent dans le ſucre fin. Leurs premiers & ſeconds ſyrops, couverts ou non-couverts, entrent dans les bâtardes, comme nous l'avons dit.

On vient de dire que les premiers & ſeconds ſyrops des bâtardes ſervent à faire des vergeoiſes qui ſe cuiſent comme on cuit les bâtardes : il y a cependant pour les vergeoiſes quelques manœuvres particulieres qu'on ne fait pas pour les bâtardes, parce que le ſyrop des vergeoiſes eſt plus gras, plus épais, & moins rempli de grain que celui des bâtardes. Ainſi lorſqu'on veut faire une cuite ou *journée de vergeoiſes*, on choiſit les meilleures formes, parce que ſi l'on en prenoit de fêlées, le grain ayant peine à ſe former dans le ſyrop de vergeoiſe, qui reſte long-temps liquide, il s'écouleroit par les fentes ou fêlures de la forme, & tout ſe perdroit en coulage.

Par la même raiſon, on met dans le fond de chaque forme, lorſqu'elle eſt plantée dans l'empli, l'épaiſſeur de quatre ou cinq doigts de ſucre de bâtardes, qui a paſſé à l'étuve, & qu'on a rapé. On foule le ſucre en poudre dans la tête de la forme avec un pilon de bois, afin de retenir le ſyrop dans la forme juſqu'à ce que le grain ſe ſoit formé ; & quand on mouve ces vergeoiſes dans l'empli, ce qui ne ſe fait qu'une fois, on prend garde d'enlever le ſucre de bâtarde avec la pointe du couteau dont on ſe ſert pour mouver.

De plus, on laiſſe ces piéces pluſieurs jours dans l'empli, pour donner le temps au ſyrop de s'affermir ; & lorſqu'on les deſcend dans la cave pour couler leur ſyrop, on met ſous les formes où le ſyrop paroît un peu mollet, un morceau de toile claire, qui s'appelle *une loque*, afin de ſoutenir le ſyrop & l'empêcher de couler trop promptement. Enfin, lorſqu'on perce ces piéces, on ſe ſert d'une alêne, & non pas de la manille, afin que le ſyrop ne s'écoule que lentement : car il arrive quelquefois que tout coule dans le pot.

Il faut que le lieu où l'on place ces vergeoiſes, ſoit fort chaud, pour entretenir le ſyrop dans une certaine liquidité qui lui permette de couler, car de ſa nature, il eſt épais & viſqueux ; c'eſt pourquoi on entretient dans les caves où l'on tient ces formes, un feu continuel de charbon de bois.

J'avoue que je ne me ſerois jamais tiré de cette partie de l'Art du Rafineur, ſi je n'avois pas été expreſſément ſecouru ſur ce point par MM. les Rafineurs d'Orléans. Néanmoins il y a encore pluſieurs petites manœuvres délicates pour tirer tout le parti poſſible des vergeoiſes : elles ſe comprennent aiſément quand on voit travailler ; mais il ſeroit difficile de les décrire clairement. Les Rafineurs ſemblent en faire un ſecret ; cependant aucun ne les ignore. Il faut avouer que le travail des gros ſyrops varie beaucoup dans les différentes Rafineries : mais ce que nous venons de dire à ce ſujet, ſuffira pour guider ceux qui entreprendront ce travail ; & par quelques eſſais, ils pourront trouver de nouvelles pratiques utiles, mais qui s'écarteront peu de celles que nous venons de décrire.

Le premier ſyrop qui coule des vergeoiſes, n'eſt bon qu'à faire de l'eau-de-vie ou du taffia : on l'entonne dans des bariques, *Fig.* 26, & on l'envoie en Hollande ; parce qu'il eſt défendu de faire de ces eaux-de-vie en France.

Cette défenſe a fait beaucoup de tort aux Rafineurs de France. Les Médecins qui ont été conſultés par la Cour, n'ont pas héſité de dire un peu légérement que ces eaux-de-vie plus âcres que celles de vin, étoient corroſives & contraires à la ſanté. Il auroit peut-être été plus exact de dire qu'elles étoient déſagréables & mal diſtillées. Mais un bon Chymiſte ne ſeroit pas embarraſſé de faire avec du ſyrop, de l'eau-de-vie exempte de ce défaut, qui ne vient que d'un peu de la partie graſſe du ſyrop qui ſe brûle dans la diſtillation.

Ces gros ſyrops contiennent encore du ſucre ; mais il en couteroit trop pour le retirer.

Afin de ne laiſſer rien à déſirer ſur la fabrique du ſucre, nous allons rapporter d'autres pratiques qui nous ont été fournies par une perſonne qui eſt très-inſtruite de cet Art, & qui les mettoit en uſage dans le temps où les moſcouades qui arrivoient des Iſles, étoient très-chargées de ſyrop.

## *Du Sucre Royal.*

POUR faire le *Sucre royal*, qui eſt le plus blanc & le plus tranſparent, on choiſit les caſſonades les plus blanches, qui ſont quelquefois de très-beau ſucre pilé : on les met dans les chaudieres à clarifier avec une eau de chaux très-foible, afin de ne point rougir le grain ; & quelques-uns y ajoûtent un peu d'eau d'alun. On clarifie ce beau ſyrop avec un peu de ſang ; on le paſſe par le blanchet ; ce qu'on répete pluſieurs fois ; & on le cuit un peu au-deſſous de preuve, pour

pour qu'il n'y ait que le grain qui a le plus de disposition à se crystalliser, qui forme le pain, & que le syrop coule abondamment dans le pot.

On fait les fonds avec du sucre superfin, & l'on terre à l'ordinaire; ces opérations causent beaucoup de déchet; mais on ne perd que la cuisson, les syrops rentrant dans les sucres des gros pains. Enfin, il est bon que ces pains soient bien desséchés avant qu'on les mette à l'étuve, où on les place loin du coffre, pour éviter les coups d'étuve.

Quand on n'a point de belles cassonades, on est obligé, pour faire du sucre royal, de piler des pains de beau sucre rafiné; ou bien on rafine des matieres ordinaires: on les met dans des formes; on laisse couler le premier syrop; on les couvre avec de la terre : quand les pains sont presque blancs, on les tire des formes; on retranche les têtes où il reste un peu de roux; on jette dans une chaudiere les pattes parfaitement épurées de syrop roux; on clarifie ce beau sucre; on le raccourcit par la cuisson, & on traite cette belle matiere, comme nous l'avons expliqué plus haut. Voilà tout ce que j'ai pu apprendre sur la fabrique du sucre royal : les Rafineurs ne voulant pas dire tous les détails de la pratique qu'ils suivent. Ce qu'il y a de certain, c'est que MM. Vandebergue font à Orléans du sucre royal qui est plus beau que celui qu'on tire de l'étranger.

### *Des qualités que doivent avoir les Sucres rafinés.*

LA beauté du sucre rafiné & mis en pain, consiste dans sa blancheur, jointe à la petitesse de son grain, qui doit rendre la surface des pains unie. Enfin, ce sucre doit être sec & sonore, dur & un peu transparent.

Si l'on a bien présent à l'esprit ce que nous avons dit sur le travail du sucre, on concevra qu'il y a dans le syrop des parties de sel essentiel, qui ont beaucoup plus de disposition à se crystalliser que les autres, qui étant toujours un peu grasses, forment un grain moins dur, moins blanc & moins transparent. Ce sont les parties qui ont le plus de disposition à se crystalliser, qui sont les plus propres à former le sucre royal & le superfin. Il faut tirer partie des autres, sauf à vendre à meilleur marché le sucre moins parfait qu'elles fournissent. C'est dans cette vûe qu'on fait les sucres en gros pains; sur quoi néanmoins il est bon d'être prévenu que si l'on faisoit dans de grandes formes du sucre rafiné comme pour le superfin, il seroit aussi beau que le sucre royal : mais l'usage a prévalu de préférer les petites formes; on pense que le sucre doit être d'autant plus beau qu'il est en plus petits pains; & cela est effectivement, parce que les Rafineurs font les petits pains avec leur plus belle matiere.

Si dans une Rafinerie on ne vouloit faire que du superfin ou du sucre royal *,

* Les sucres superfins n'ont été connus en France que depuis quinze ou vingt ans. Auparavant, on tiroit cette sorte de sucre de la Hollande, pour la table du Roi, & celle des gens opulents. Ce sont MM. Vandebergue, qui ont enlevé cette branche de commerce à la Hollande, &

on éprouveroit beaucoup de déchet : car il faudroit réduire en ſyrop tout le grain que nous avons dit avoir le moins de diſpoſition à ſe cryſtalliſer, & par cette raiſon tout le grain qu'on retire des ſyrops ſeroit inutile. Pour mettre tout à profit autant qu'il eſt poſſible, il faut donc faire des ſucres communs ; il en réſulte cet avantage, que les gens moins opulents ſe les procurent à meilleur compte ; & ces ſucres moins parfaits ont l'avantage de ſucrer plus que les autres. Il ſemble que ce ſoit le ſyrop qui faſſe la douceur du ſucre : comme toutes les eſpéces de ſucre contiennent du ſyrop, tous ont de la douceur ; mais ceux qui contiennent plus de ſyrop, ſont plus doux que les autres. Or, comme toutes les fontes & les leſſives ont pour but d'emporter du ſyrop, il s'enſuit que le grain en reſte moins doux, & d'autant moins qu'il a été plus clarifié. Ainſi il y a une double œconomie à acheter du ſucre moins blanc, qu'on fait ordinairement en gros pains ; il coûte moins, & il ſucre plus. Le ſucre qu'on vend dans les Rafineries, peut donc ſe réduire à trois eſpéces : ſçavoir, 1°. le deux, le petit-deux, le trois, le quatre & le ſept, que l'on nomme tous *ſucre ordinaire*, & qui ſe met tout en papier bleu. 2°. Le *ſuperfin*, que l'on met en papier violet. 3°. Enfin, le *royal*, que l'on met en papier violet, plus fin que celui du ſuperfin.

Il eſt certain qu'on pourroit faire du ſuperfin, & même du royal, en grandes formes. On fait rarement du ſucre royal ; le ſucre ſuperfin a remplacé & ſurpaſſe même le royal de Hollande. La Maiſon du Roi conſomme quelquefois du royal, en temps de paix ; mais peu. Ce ſucre coûte très-cher à faire fabriquer à cauſe de ſon extrême blancheur : il eſt tellement tranſparent, qu'en l'expoſant à la lumiere du ſoleil, on apperçoit l'ombre des doigts au plus épais du pain. Le ſuperfin a quelque choſe de cette perfection.

A l'égard des *bâtardes*, des *vergeoiſes*, des *fondues de tête*, ce ſont des ſucres imparfaits qu'on ne vend qu'après les avoir rafinés, comme les ſucres bruts & les caſſonades.

## *Du Sucre tappé.*

On fait à Marſeille du *ſucre tappé*, qui a la blancheur du ſucre royal. Suivant les notions que j'ai pu me procurer ſur ce ſucre, il eſt fait avec du ſucre que l'on prend dans les belles bâtardes, qu'on ne laiſſe point deſſécher entiérement à l'étuve. On le pulvériſe, & on le paſſe dans un tamis fin ; puis on emplit avec le ſucre en poudre des formes* qui ſortent de tremper dans de l'eau fort nette ; on le foule à différentes repriſes avec un pilon qui eſt plat par deſſous ; on loche

qui en ont enrichi l'intérieur du Royaume. Ce ſont eux auſſi qui ont imaginé de mettre du ſucre terré ſur les pains en les terrant : cet objet a donné lieu à une plus forte conſommation de caſſonades, & à un plus grand terrage aux Iſles ; les droits du Roi y ont gagné.

* On a écrit de Marſeille qu'il falloit que la forme fût de cuivre. Si cela eſt, il faut qu'il ſoit bien étamé ; car comme le ſucre reſte long-temps dans les formes, il pourroit prendre un goût de cuivre, ou du verd-de-gris.

ces pains sur une planche, & on les porte à l'étuve sur cette même planche : le peu d'humidité qui est resté dans les grains, fait qu'ils se collent les uns aux autres; & quoique ces pains soient faits avec du sucre rafiné ordinaire, ils sont d'une blancheur à éblouir, lustrés & pesants. Mais pour peu qu'ils aient séjourné dans un lieu humide, ils s'égrainent comme de la cassonade.

Je n'oserois assurer que ce que je viens de dire du sucre tappé soit fort exact; car ceux qui suivent cette pratique, en font un secret; mais j'estimerois beaucoup une pratique qui rendroit le sucre commun aussi beau que le plus rafiné; car on auroit l'avantage d'avoir un sucre blanc plus doux, qui sucreroit davantage & qui seroit moins cher.

## *Sucre Candi.*

Le *sucre candi* est le vrai sel essentiel des cannes, crystallisé lentement & en gros crystaux. Quand le syrop est bien clarifié, on le fait cuire moins qu'il ne faut pour la preuve : on le verse dans de vieilles formes tappées qu'on pose dans un lieu frais : à mesure que le syrop se refroidit, il se forme des crystaux : au bout de huit à dix jours, on porte les formes à l'étuve : on les place sur un pot, & on ne les détappe pas entiérement, afin que le syrop ne s'écoule que peu-à-peu. Quand les formes sont vuides, & que les crystaux de sucre candi sont bien secs, on tire les formes de l'étuve, & on les rompt pour en tirer le sucre qui est fort adhérent à la forme.

On peut suspendre dans les formes des couronnes, des cœurs ou des lettres qu'on a faites avec de la paille ou de menues branches de coudrier. Le sucre se crystallise sur ces baguettes, & on les retire revêtues comme de fragments de crystal.

Si l'on a coloré le syrop avec de la cochenille, les crystaux ont pris une légere teinte de rubis; avec de l'indigo, ils sont un peu bleus, &c. On peut aussi les aromatiser avec des essences de fleurs ou de l'ambre. Mais toutes ces choses regardent plutôt les Confiseurs que les Rafineurs; & l'on ne fait point de dessein prémédité du sucre candi dans les Rafineries : il s'en forme seulement au fond des pots où il a séjourné du syrop, & on le gratte, comme nous l'avons dit, pour le remettre dans le sucre.

## *Eau-de-vie de Syrop.*

On met les gros syrops & les écumes pressées, ainsi que nous l'avons expliqué, dans un bac avec de l'eau; & on emploie par préférence celle où l'on a lavé les pots & les formes, ou celle qui a servi à laver les chaudieres. On couvre le bac avec des planches : après avoir bien mouvé le syrop avec l'eau, il s'y excite une grande fermentation; il s'éleve une écume; & quand cette écume porte au nez une odeur forte & vineuse, on l'enleve avec une écumeresse :

alors la liqueur ayant pris une couleur ſemblable à la biere, on la met dans des chaudieres pour la diſtiller, comme le vin que l'on brûle. Je ne m'étendrai pas davantage ſur cette opération, parce que malheureuſement pour les Rafineurs, on ne la pratique pas en France ; & de plus, parce qu'on pourra conſulter ce qui ſera dit ailleurs ſur la diſtillation de l'eau-de-vie. Je remarquerai ſeulement que comme les ſyrops ſont fort gras, il s'en attache toujours à l'intérieur des chaudieres à meſure que le fluide s'évapore ; cette portion ſe brûle, & communique à l'eau-de-vie une odeur très-déſagréable. Pour éviter cet inconvénient, il faudroit faire ces diſtillations au bain-marie, & avoir ſoin de bien laver les chaudieres toutes les fois qu'on les vuide.

# EXPLICATION DES FIGURES.

## *PLANCHE I.*

CETTE Planche représente le Moulin dont on se sert en Amérique, pour exprimer le suc des Cannes.

Il y a des Moulins qui ont les Cylindres horizontaux : quelques-uns les préférent aux autres ; mais beaucoup estiment mieux ceux dont nous donnons ici les plans.

FIGURE 1. Bâtis de charpente qui renferme le manége. *E F G H*, Bâtis de charpente qui assujettit les Cylindres : *I K K*, trois Cylindres de fer ; on voit par-dessous que leurs axes sont reçus dans des Crapaudines ; le Cylindre du milieu *I*, est mû par un arbre vertical, auquel sont assemblés quatre Leviers ; on n'en a représenté ici que deux *L L*, à l'extrémité desquels sont attelés des bœufs ou des chevaux qui font mouvoir ces cylindres. On conçoit que ces Moulins peuvent avoir d'autres moteurs, comme l'eau & le vent.

Il faut remarquer que chaque cylindre a au bout supérieur, une rouë dentée : ces Rouës *P P P*, sont représentées séparément au-dessous de la vignette. Comme ces rouës engrenent les unes dans les autres, le Cylindre *I* du milieu, en tournant, fait tourner les deux autres Cylindres *K K* : on voit sur le Chassis E F, que l'arbre est embrassé par deux forts colets de bois représentés séparément au-dessous de la Vignette en *N N*, & que le haut du même arbre est reçu dans une forte piéce de bois cottée *a*, tant dans la vignette qu'au dessous.

Au-dessous des Cylindres *I K K* de la vignette, est une auge qui reçoit le suc qui s'écoule des cannes brisées. On voit que le suc de ces cannes coule par des Dalles *H E*, & qu'il se rend dans un réservoir, ou immédiatement dans une Chaudiere F. On voit dans la même vignette, des Négres occupés, les uns à couper les cannes, les autres à les porter au moulin ; d'autres à les présenter entre les cylindres ; enfin, d'autres à conduire les bœufs qui font mouvoir la machine.

Au-dessous de la vignette (FIG. 2) est le plan de ce Moulin. *A*, est l'établissement de la Charpente qui renferme le manége : *B* la Cage de charpente qui renferme les cylindres : *C*, les Leviers : *D*, l'Aire où marchent les animaux : *K*, le Réservoir où se rassemble le vesou : 1, 2, 3, 4, 5, les Chaudieres à clarifier & à cuire le vesou qui sont dans un bâtiment voisin du Moulin.

## *PLANCHE II.*

CELLIER où l'on emmagazine les barils ; les bacs où l'on dépose le sucre brut, à mesure qu'on le tire des barils ; des Ouvriers qui cassent les barils, & qui font le tri du sucre brut, &c.

FIG. 1. Porte qui communique de la ſalle aux bacs au Cellier où l'on dépoſe les barils : on voit par cette porte des barils engerbés dans le Cellier.

FIG. 2. Trois Bacs *ABC*, dans leſquels on jette le ſucre brut ſuivant ſa qualité.

FIG. 3. Ouvrier qui roule une barrique pleine de ſucre brut.

FIG. 4. Cerpe ou-Coupret ſervant à couper les cercles des barils.

FIG. 5. Ouvrier qui caſſe une barrique, & qui en coupe les cercles avec la cerpe.

FIG. 6. Ouvrier qui gratte le ſucre qui eſt reſté attaché aux douves des barriques.

FIG. 7. Ouvrier qui trie le ſucre brut pour le mettre dans les bacs, ſuivant ſa qualité.

FIG. 8. Pelle qui ſert à cette opération.

FIG. 9. Baquet ſervant à tranſporter le ſucre brut dans les Chaudieres.

FIG. 10. Bloc ſur lequel on poſe le baquet, pour le charger plus commodément.

FIG. 11. Deux Ouvriers qui portent un baquet, plein de ſucre brut, des bacs aux Chaudieres.

FIG. 12. Pile, eſpéce d'auge creuſée dans une groſſe piéce de bois, où l'on met en poudre le ſucre dont on fait les *fonds*.

FIG. 13. Crible de fil d'archal pour paſſer le ſucre pilé.

FIG. 14. Crochet avec lequel on fait tomber le ſucre d'une barrique dans la pile.

FIG. 15. Pilon de bois pour pulvériſer le ſucre.

FIG. 16. Tamis établi ſur un grand baquet pour paſſer le ſucre pilé.

FIG. 17. Pied-de-biche ou Tire-clou, avec lequel on arrache les clous du jable des barils.

## PLANCHE III.

HALLE aux Chaudieres : cette Planche a été gravée ſur un deſſein fait par M. DESFRICHES.

1, Chaudiere à clarifier, ſans ſa bordure.

2, Chaudiere à clarifier, avec ſa bordure.

3, Chaudiere pour faire les écumes.

4, Chaudiere à cuire : on voit un Rafineur qui prend la preuve.

5, Chaudiere à la claircè : cette Chaudiere eſt couverte d'une toile : on voit ſur des coffres *d*, une dalle qui ſert à porter le ſucre clarifié dans la claircé.

6, Bac-à-Chaux.

7, Petit Bac où l'on met de l'eau de chaux claire.

8, Tonneau où eſt le ſang de bœuf : on le place ordinairement hors de la Halle aux Chaudieres, parce qu'il répand une mauvaiſe odeur.

9, Tas de charbon.

10, Baquet plein d'eau, pour éteindre le feu de dessous les Chaudieres.

11, Porte qui va aux bacs.

12, Lucarnes en Demoiselles, par où s'échappe la fumée des chaudieres.

13, Porte qui conduit à l'empli.

14, Porte de l'Etuve.

## *PLANCHE IV.*

CETTE Planche représente encore la Halle aux chaudieres.

FIG. 1. Chaudiere à clarifier, garnie de ses deux bordures.

FIG. 2. Chaudiere à clarifier, garnie d'une seule bordure : un Rafineur est au-devant; il leve les écumes, & les met dans un baquet *k*.

FIG. 3. Chaudiere aux écumes, sans bordure.

FIG. 4. Chaudiere à cuire, sur laquelle est un Porteur avec des pots qui égouttent leur syrop.

FIG. 5. Le Porteur. On voit entre les chaudieres des Coffres *d* : sur la banquette *e*, qui est au-devant des chaudieres, est un colet *a*, & dessus un baquet *b*, plein de sucre brut : *f*, Ecuelles pour recevoir le sucre lorsqu'il passe par-dessus les bords des chaudieres.

FIG. 6. ( *Dans la vignette & au-dessous* ) Bac à chaux.

FIG. 7. Chaudiere qui n'est point montée.

FIG. 8. Hausse.

FIG. 9. Serviteur qui prend du charbon pour mettre sous les chaudieres.

FIG. 10. Chaudiere à clairce, au-dessus de laquelle est un panier avec un blanchet.

FIG. 11. Tuyaux des cheminées par où s'échappe la fumée des fourneaux.

FIG. 12. Mouveron.

FIG. 13. Pucheux.

FIG. 14. Ecumeresse.

FIG. 15. Dalle avec son tuyau.

FIG. 16. Coupe de la chaudiere à clairce : à côté est le Canap *A*; au bas *B*, est le pot pour recevoir le sucre lorsqu'il se répand : C, Bassin posé sur le Canap : *D*, Crochet & Seau pour puiser le sucre.

FIG. 16.* Pelle creuse de fer pour ramasser le charbon.

FIG. 17. Crochet ou Fourgon pour dégorger la grille des fourneaux.

FIG. 18. Bâton de preuve.

FIG. 18.* Mouveron du Bac à chaux.

La FIG. 19 représente une main en position pour prendre la preuve : elle est ici renversée, car le pouce doit être en en-bas.

FIG. 20. Bourrelet de paille que l'on met sous les bassins que l'on pose sur la banquette des chaudieres : quelques-uns préférent de les caler avec des coins.

Fig. 21. Baſſin pour l'empli.

Fig. 22. Bourrelet de toile rembourré de paille, qu'on met ſur le bord des hauſſes des chaudieres, pour empêcher le ſucre de ſe répandre.

Fig. 23. Baquet pour tranſporter l'eau de chaux.

Fig. 24. Serviteur portant un de ces baquets.

Fig. 25. Autre Serviteur qui porte à l'empli un baſſin rempli de ſucre cuit.

*c*, Marche-pied dont on ſe ſert quelquefois pour faire le ſervice des chaudieres quand elles ſont trop élevées : *gg*, Events : *h h*, Portes des fourneaux.

## PLANCHE V.

Cette Planche fait voir de quelle maniere les chaudieres ſont montées.

Fig. 1. Plan de la fondation d'un maſſif pour trois chaudieres : *D D D*, Cendriers pour chaque chaudiere : *F*, Galleries qui aboutiſſent aux cendriers, & qui partent des foſſes *E*; c'eſt par ces galleries qu'on retire les cendres; elles ſervent encore d'évents pour animer le feu.

Fig. 2. Coupe du fourneau à la hauteur des grilles, ſur leſquelles on met le charbon : *B*, Grilles : *G*, Conduits qui vont circulairement & en rampant aboutir à différentes hauteurs dans les tuyaux de cheminée *H*.

Fig. 3. Coupe verticale du fourneau : *A*, Chaudiere en place : *B*, Fournaiſe où l'on met le feu, & au-deſſous eſt la grille : *C*, Porte par laquelle on met le charbon : *D*, Cendrier : *F*, Gallerie : *G*, Coupe des conduits de la fumée.

Fig. 4. Coupe priſe entre deux chaudieres par la ligne *A B* de la Fig. 1. *A*, Hauteur à laquelle eſt placée la chaudiere : *B*, Hauteur de la fournaiſe : C, Porte du fourneau : *D*, Hauteur du cendrier : *E*, Foſſe d'où partent les évents : *F*, Gallerie qui communique de cette foſſe aux cendriers : *G*, conduites de la fournaiſe aux tuyaux des cheminées *H* : *I*, Banquette qui eſt au-devant des chaudieres : *K*, bordure en forme de boudin pour empêcher que le ſucre qui ſe renverſeroit ſur les banquettes ne ſoit perdu : *L*, Poëles ou Ecuelles qui reçoivent le ſucre : *M*, Coffres qui forment une élévation entre les chaudieres. On a ponctué tout ce qui ne s'apperçoit pas dans cette coupe.

## PLANCHE VI.

On a repréſenté dans cette Planche tout ce qui concerne la préparation & la réparation des formes.

Les Figures 1, 2, 3, 4, 5, 6, repréſentent diverſes formes; ſçavoir, *Fig.* 1, Forme pour le petit-deux. *Fig.* 2, Forme pour le grand-deux. *Fig.* 3, Forme pour le trois : ces trois formes ſont réputées neuves, ainſi elles n'ont qu'un ſeul cercle au bout le plus évaſé, ou à la patte; aux Formes ( *Fig.* 4 & 5 ) qui ſont ſuppoſées être fêlées, il y a des copeaux qui ſont retenus par deux ou trois cercles :

cercles : les formes pour les bâtardes ou vergeoises ( *Fig. 6* ), sont fortifiées par des lattes minces.

Fig. 7. Forme posée sur son pot.

Fig. 8. Racommodeur de formes en action, avec un cacheux à la main ; il a près de lui des bottes de copeaux & de cercles ( *Fig. 9* ).

Fig. 10. Cacheux.

Fig. 11. Clopeux, sorte de maillet.

Fig. 12. Lattes ou Cappes dont on garnit les grandes formes.

Fig. 13. Petite Spatule de fer servant à gratter le dedans des pots à syrop, quand il s'y trouve du sucre crystallisé.

Fig. 14. Bac à formes : *a*, Equerres de fer qui le fortifient : *c*, Planche qui en couvre le dessus à moitié : on met ordinairement sous cette planche une bande de fer qui s'étend de *b* en *b*, & qui sert à la soutenir par le milieu.

Fig. 15. Formes posées en pile auprès du bac.

Fig. 16. Indique comment on descend des piles de formes dans l'eau du bac, à l'aide d'un crochet.

Fig. 17. Fait voir l'anneau dont on se sert pour redresser une pile de formes lorsqu'elle se couche dans le bac.

Fig. 18. Serviteur qui lave les formes dans l'eau du bac.

Fig. 19. Tire-piéce ; outil servant à retirer les fragments de formes cassées qui restent au fond du bac.

Fig. 20. Serviteur qui tappe les formes.

Fig. 21. Serviteur qui porte des formes dans l'empli ( *Fig. 22* ).

Fig. 23. Tracas qui répond au grenier aux Piéces.

## *PLANCHE VII.*

Cette Planche représente les divers travaux qui se font dans l'empli.

Fig. 1. Serviteur apportant de la Halle aux chaudieres un bassin de sucre cuit, pour le verser dans la chaudiere de l'empli.

Fig. 2. Chaudiere de l'empli : *A*, Canap près de la chaudiere, sur lequel est un Bassin *B*, que le Contre-Maître remplit avec le sucre de la Chaudiere de l'empli ou de celle à couler.

Fig. 3. Pelle ou Spatule de fer servant à détacher le sucre qui est resté adhérent à la chaudiere de l'empli.

Fig. 4. Canap représenté plus en grand.

Fig. 5. Serviteur qui plante les formes.

Fig. 6. Bassin de l'empli.

Fig. 7. Serviteur qui vuide le bassin de l'empli dans les formes plantées.

*Nota.* Qu'il ne devroit y avoir dans cette Figure, que trois rangs de formes.

Fig. 8. Chaudiere de l'empli représentée plus en grand.

Fig. 9. Serviteur qui mouve : on voit au bas de la planche, ſous la même cotte 9, le couteau ſervant à mouver.

Fig. 10. Bourrelet dont on ſe ſert pour monter les formes remplies par les tracas.

Fig. 11. Seaux & Baquets dans leſquels on monte aux greniers la terre & le ſucre pour faire les fonds.

Fig. 12 & 13. Crochets pour monter les baquets & les ſeaux par les tracas.

Fig. 14. Quatre Formes plantées pour faire comprendre comment on les acotte avec de vieilles formes.

## *PLANCHE VIII.*

Cette Planche repréſente le Grenier aux Piéces, & la préparation que l'on donne aux terres.

Fig. 1. Poulie au moyen de laquelle on éleve par le tracas un baquet rempli de terre ou de ſucre pour faire les fonds.

Fig. 2. Poinçon ou Alêne avec laquelle on perce la tête des pains dans les formes, avant de les planter ſur leur pot, pour faciliter l'écoulement du premier ſyrop.

Fig. 3. Formes rangées chacune ſur leur pot & ſans ordre pour l'écoulement du premier ſyrop.

Fig. 4. Petit Pot dont on laiſſe égoutter le ſyrop dans un plus grand, ainſi que l'on fait quand on change.

Fig. 5. Caiſſe à gratter.

Fig. 6. La même Caiſſe poſée ſur ſes tréteaux, & deux pains ſur cette caiſſe.

Fig. 7. Formes telles qu'on les renverſe pour donner un peu plus de fermeté vers la tête des pains, avant de les locher.

Fig. 8. Serviteur qui loche les formes.

La Fig. 9 fait voir comment on diſpoſe les formes par lits avant de terrer.

Fig. 10. Formes poſées ſur leurs pots, & diſpoſées par lits : on voit un Serviteur qui les terre.

Fig. 11. Truelle dont on ſe ſert pour former les fonds.

Fig. 12. Pics qui ſervent au travail des terres.

Fig. 13. Bac à terre avec le piqueux dont on ſe ſert, pour que l'eau puiſſe pénétrer la terre.

Fig. 14. Le Piqueux.

Fig. 15. Le Mouveron du bac à terre.

Fig. 16. Couleresſe établie ſur un baquet : un Serviteur fait paſſer par cette Couleresſe de la terre détrempée.

Fig. 17. Couleresſe avec les moiſes qui l'environnent.

Fig. 18. Petite Cuiller avec laquelle on met la terre ſur les formes.

FIG. 19. Panier où l'on met les esquives quand on les leve de dessus les formes.

FIG. 20. Brosse que le Locheur attache à son bras pour brosser le fond des pains dans les formes : on voit cette brosse au bras du Locheur de la Figure 8.

FIG. 21. Palette de bois sur laquelle on renverse l'esquive quand on veut locher les pains terrés, pour voir en quel état ils sont.

FIG. 22. Couteau de bois mince & pliant, qui sert pour étriquer.

FIG. 23. Forme renversée sur la rondelle de bois qui couvre son pot.

FIG. 24. Braisiere de tôle dans laquelle on met du charbon de bois allumé pour échauffer les caves qui servent à couler les vergeoises, & les endroits des greniers qu'on veut échauffer plus fortement que par les poëles.

FIG. 25. Baquets & Seaux pour transporter des terres.

## PLANCHE IX.

ELLE représente la préparation des pains avant de les mettre à l'étuve, & comment on les met en papier & en corde; enfin, comment on les met en tonne, le travail des écumes, &c.

FIG. 1. Poulie d'un tracas, avec le bourrelet qui pend à la corde.

FIG. 2. Pains tirés des formes, & qu'on laisse se ressuyer un peu avant de les mettre à l'étuve.

FIG. 3. Une des Fenêtres qui répond à l'étuve : on voit par son ouverture comment les pains y sont rangés.

FIG. 4. Serviteur qui prend avec précaution les pains pour les mettre sur la planche de la Figure 6, d'où ils doivent être portés dans l'étuve.

FIG. 5. Pain qu'on a rompu avec le Couteau *a*, & le Maillet *b*, pour voir si l'intérieur a été assez desséché à l'étuve.

FIG. 6. Futaille renversée, sur laquelle est une planche & six pains pour les porter à l'étuve.

FIG. 7. Serviteur qui porte les pains à l'étuve.

FIG. 8. Serviteur qui met en papier & en corde les pains tirés de l'étuve.

Les FIG. 9, 10, 11 & 12 sont relatives à cette opération.

FIG. 13. Bacs où l'on met dans le magasin les pains pliés en papier & cordés.

FIG. 14. Balance & Panier pour peser les pains de sucre.

FIG. 15. Tonne dans laquelle on arrange les pains.

FIG. 16. Disposition de la Cuve aux écumes avec son panier.

FIG. 17. Poche de toile qu'on met dans le panier pour passer les écumes.

FIG. 18. Couvercle de bois qu'on met dans le panier & sur la poche de toile, pour presser les écumes.

FIG. 19. Coupe d'une chaudiere, pour faire voir comment avec une forme rompue par la tête, on empêche le bouillon de monter.

FIG. 20. Forme de vergeoiſe, & comment on la couche ſur un canap pour percer le pain.

FIG. 21. Serviteur qui perce un pain de vergeoiſe.

FIG. 22. Poinçon de bois, appellé *Manille*, qui ſert à percer la tête des vergeoiſes.

FIG. 23. Vergeoiſe plantée ſur ſon pot.

La FIG. 24 montre comment on fait tomber avec une cheville de fer la tête des vergeoiſes, qui eſt reſtée dans la forme.

FIG. 25. Cheville qui ſert à cet uſage.

FIG. 26. Futaille dans laquelle on met les gros ſyrops pour les envoyer en Hollande.

FIG. 27. Pot rempli de gros ſyrop.

FIG. 28. Fourgons & différentes Pelles qui ſervent à pluſieurs uſages dans les Rafineries.

## *PLANCHE X.*

ELLE repréſente le détail de l'Etuve.

FIG. 1. Coupe de l'Etuve, ſuivant ſa hauteur. *a b*, Hauteur de l'Etuve dans laquelle il y a ſix étages *F*. On a repréſenté quelques pains ſur les étages d'en bas. *I*, Fenêtres par leſquelles on entre les pains dans l'Etuve : on les ſort enſuite de l'Etuve par la fenêtre qui répond à la ſalle où l'on plie. *N*, Porte pour entrer dans l'appenti qui eſt au-deſſus de l'Etuve, lorſqu'on veut ouvrir ou fermer les trappes des évents; on en voit un repréſenté en *A*. *P*, Coffre ou Poële pour chauffer l'Etuve *i* : *G*, la Grille : *E*, le Cendrier : *H*, Plaque de forte tôle qu'on met au-deſſus du coffre, pour empêcher que le ſucre qui peut y tomber ne ſe brûle : *Q*, Ventouſe pour animer le feu : *O*, tuyau pour la décharge de la fumée du Poële.

FIG. 2. Plan du Plancher qui termine l'Etuve par en haut : *N*, Porte pour y entrer; *A*, les Events fermés de leurs trappes : *O*, tuyau de la cheminée.

FIG. 3. Coupe horizontale de l'Etuve, au-deſſus du Poële. *L*, Solives & Sablieres qui forment un des planchers de l'Etuve : *a*, *b*, *c*, *d*, Capacité intérieure de cette Etuve : *n*, *p*, Enchevêtrure qui donne un grand eſpace vuide, *m*, *n*, *o*, *p*, au-deſſus du coffre par où la chaleur ſe communique aux différents étages : *h*, *g*, *e*, Coupe du Coffre à la hauteur de la Grille : *Q*, Enfoncement en terre qui forme un évent, & donne de l'air au-deſſous de la Grille : *M*, Tambour qui recouvre & renferme les portes qui donnent entrée dans deux Etuves, qu'on ſuppoſe établies à côté l'une de l'autre.

EXPLICATION

# EXPLICATION

## *Des Termes usités dans les Rafineries.*

A

ALENE. C'est un poinçon de fer assez délié, qui a un manche de buis : il sert à percer la tête des petits pains, pour faciliter l'écoulement du syrop.

*Arundo Saccarifera.* Voyez CANNE-A-SUCRE.

AUGE à piler le sucre. *Voyez* PILE.

B

BAC. Ce terme signifie dans les Rafineries un vaisseau quarré ou rond, dans lequel on dépose différentes matieres. On les distingue les uns des autres par leur usage : c'est pourquoi l'on dit le *Bac-à-chaux*, le *Bac-à-terre*, le *Bac-à-forme.*

On appelle aussi *Bacs* des espéces d'armoires, dans lesquelles on met les moscouades & les cassonades, suivant leur espéce.

BAGASSES. On appelle ainsi aux Isles les cannes dont on a exprimé le suc par les moulins.

BALAI. Il faut dans les Rafineries des balais de bouleau pour nettoyer les chaudieres, ainsi que les bacs ; & pour passer les terres.

BAQUETS. Ce sont des vaisseaux faits avec des douves de bois blanc cerclés de fer : les uns ont des oreilles de bois formées par deux douves qui s'élevent plus que les autres : d'autres ont des anses de fer. Leur usage est de porter le sucre brut aux chaudieres, l'eau de chaux, & les terres préparées pour couvrir. Ce sont des espéces de seaux. On a de plus de grands baquets pour y mettre l'eau ou le sang.

BARBOUTE. On nomme ainsi des moscouades très-chargées de syrop, qu'il faut travailler par des procédés particuliers.

BARBOUTTES. On donne ce nom à de gros pains qu'on fait avec de gros syrops qui contiennent peu de grain, & qu'on est obligé de refondre & de clarifier une seconde fois.

BARRIQUES. Futailles bien cerclées, qui servent à transporter les cassonades, les moscouades, les terres, &c. L'usage commun est de dire *Barril.*

BASSINS. Ce sont des vases de cuivre qui sont de figure ovale, se rétrécissant par le bout en forme de goûtiere. Sur les côtés, sont deux anses par lesquelles on les soutient. En appuyant contre le ventre le derriere du Bassin qui est rond, on peut le porter bien de niveau. Les Bassins servent à transporter le sucre de la chaudiere-à-claircе dans la chaudiere-à-cuire, & de celle-ci dans celle de l'empli, où l'on remplit les formes.

BATARDES, très-gros pains qu'on fait avec des syrops non couverts, ou qu'on ne terre point, ou avec des moscouades très-grasses.

BATON DE PREUVE. C'est une Spatule moins longue & plus étroite que celle qu'on nomme *Mouveron.* Le Contre-Maître s'en sert pour mouver ou remuer le sucre dans la chaudiere-à-cuire, ou pour prendre la Preuve, afin de sçavoir quand le sucre est cuit.

BLANCHET. C'est un morceau de drap blanc ou brun, bien foulé & drappé. Les Blanchets servent à filtrer le sucre clarifié, pour en ôter toutes les impuretés.

BLANCS. On nomme les Pains *Blancs*, quand ils sortent de l'étuve, & qu'ils n'ont aucune tache.

BLOC. C'est, dans les Rafineries, un Cube de bois qui est soutenu à deux pieds de hauteur par trois forts pieds : ils servent à poser les baquets pour le transport du sucre brut, &c. ainsi que les seaux pour le transport des terres ; ou à locher, ou à racommoder les formes.

BORDURES. Ce sont des hausses de cuivre qu'on ajoûte au bord des chaudieres avec des crampons de fer, pour en augmenter la capacité. On met souvent deux bordures l'une sur l'autre pour clarifier. On n'en met point à la chaudiere-à-cuire.

BOUCLE *du Bac-à-forme.* Voyez REDRESSEUR.

BOURRELET. C'est effectivement un Bourrelet de paille, qu'on met quelquefois sous les bassins pour qu'ils ne panchent point. C'est aussi un anneau de corde qui est supporté par quatre plus menues, comme le plateau d'une balance. Son usage est de monter les grosses formes par les tracas.

BROSSE. On a dans les Rafineries de grosses Brosses qu'on tire de Rouen ; elles servent à nettoyer le fond des pains quand on leve les terres : ce qui se nomme *plamoter.*

C

CACHEUX, Outil dont se sert le Racommodeur de formes : c'est proprement le chassoir du Tonnelier. Il sert d'abord à frapper sur les cerceaux ; & alors il fait l'office de maillet. Ensuite on le pose sur le cerceau, & on frappe dessus ; alors c'est un chassoir. Il sert aussi à sonder les formes pour connoître si elles sont fêlées. Enfin, il sert à tapper.

CADETS. C'eſt ainſi qu'on nomme les pains qui étant lochés lorſqu'on plamotte, ſe montrent aſſez roux à la tête pour qu'on ſoit obligé de les eſtriquer & de les raffraîchir, ou même de leur faire des fonds, pour mettre une nouvelle terre.

CAISSE-A-GRATTER. C'eſt une Caiſſe de bois de chêne qui n'a point de deſſus : un de ſes grands côtés eſt plus élevé que les autres; & au lieu de couvercle, il y a deux traverſes ſur leſquelles on appuye le fond de la forme, qui étant couchée, repoſe ſur un des bords. Le ſucre qui ſe détache en grattant, tombe dans la caiſſe.

CANAP. C'eſt un aſſemblage de menuiſerie qui ſert de chevalet pour ſoutenir les baſſins auprès de la chaudiere de l'empli.

C'eſt auſſi une Caiſſe parallélipipédique qu'on met ſur un de ſes bouts; & dont le bout ſupérieur ſupporte les bâtardes couchées lorſqu'on les perce.

CANNAMELLE. *Voyez* CANNE-A-SUCRE, en latin, *Canna Mellea.*

CANNE-A-SUCRE : Plante du genre des roſeaux, qu'on cultive dans les pays chauds pour en exprimer le ſuc, qu'on nomme *Veſou*, & qui étant clarifié & concentré, donne le ſucre.

CAPPES. Ce ſont des Lattes minces, auxquelles on ménage en bas un crochet pris dans l'épaiſſeur du bois; elles ſervent à fortifier les grandes formes, en les ſerrant contre la forme avec des cerceaux de bois. Je crois que *Cappe* ſe dit au lieu de *Chappe.*

CASSER LES BARIQUES. C'eſt en couper les cercles, & les dépecer pour en tirer le ſucre.

CASSES-A-FEU. Ce ſont des Braiſieres qu'on diſtribue dans les atteliers pour y entretenir une chaleur douce : on les couvre d'un chapeau de tôle.

CASSONADE ou CASTONADE. C'eſt du ſucre qui a été rafiné aux Iſles. Il y a des *Caſſonades blanches* qui ont été miſes en pain, terrés & étuvés; puis on les pile pour les encaquer, afin de diminuer l'encombrement, & les droits qui ſont impoſés ſur les ſucres en pain. Les belles Caſſonades ſont donc du ſucre en poudre, qui eſt rarement auſſi bien clarifié qu'en Europe.

CASSONS. Ce ſont des Pains quelquefois très-bien rafinés, auxquels par accident il manque une partie du fond ou de la tête.

Quelquefois auſſi on fait des Caſſons en retranchant une portion de la tête où il étoit reſté du roux. Ce Sucre ſe vend à peu-près le même prix que les pains entiers, mais ſans papier ni corde.

CENDRIERS. Ce ſont de grandes cavités qui ſont ſous les grilles des fourneaux : elles ſervent à recevoir la cendre, & à fournir à la fournaiſe beaucoup d'air pour animer le feu.

CHAISE. C'eſt une eſpéce de Canap dont la figure approche de celle d'une chaiſe. On la poſe auprès de la chaudiere-à-clairce, pour ſoutenir les baſſins qu'on emplit.

CHANGER LES FORMES. C'eſt les ôter de deſſus un pot, qui eſt en partie plein de ſyrop, pour les mettre ſur un pot vuide.

CHAUDIERES. Ce ſont de grands Vaſes de cuivre preſqu'auſſi larges par le fond que par la bouche, dont le fond qui eſt d'une ſeule piéce, eſt très-fort & preſque plat.

Les Chaudieres pour clarifier, pour cuire & pour racourcir les écumes ſont montées ſur des fourneaux : celles pour la clairce & pour l'empli ne ſont point montées; & on les dit *roulantes.*

CLAIRCE. On nomme ainſi le ſucre clarifié, & qui n'eſt point encore cuit.

CLARIFIER LE SUCRE, c'eſt ôter, par le moyen de l'eau de chaux, du ſang de bœuf & des blancs d'œufs, les parties étrangeres au ſucre, & diminuer ſa viſcoſité.

CLOPEUX. C'eſt une eſpéce de Maillet dont ſe ſervent les Racommodeurs de formes pour frapper ſur le cacheux.

COFFRE. On nomme ainſi des éminences en dos de bahu, qui ſont entre les chaudieres, & dans leſquelles paſſent les évents ou ventouſes des fourneaux.

Dans quelques Rafineries, on nomme auſſi *Coffre* le corps de Poële de fer fondu qui ſert à chauffer les étuves.

COLLET. Le Collet d'un pot eſt ſon ouverture ou ſon goulot.

Le *Collet* eſt auſſi une planche échancrée d'un côté : on le met ſur la banquette devant les chaudieres, afin que les baquets qu'on poſe deſſus n'endommagent point le plomb.

CONTRE-MAÎTRE. C'eſt le principal Ouvrier, qui a l'inſpection ſur tous les autres, & qui préſide à toutes les opérations de la Rafinerie : il eſt particuliérement chargé de la cuiſſon du ſucre.

COUCHE. Lorſqu'on dit que la Moſcouade *du côté de la Couche* eſt fort graſſe, on entend que quand une barique a reſté long-temps en magaſin, le ſyrop a coulé dans la partie baſſe qu'on nomme *la Couche* : ce qui rend cette Moſcouade fort graſſe.

COULERESSE. C'eſt une Poële hémiſphérique de cuivre percée de trous, & épaiſſe : elle ſert à paſſer les terres.

COUP D'ETUVE. Quand l'Etuve a été trop fortement chauffée, les pains prennent une couleur rouſſe, quelquefois d'un côté, ſouvent par-tout, & d'autres fois par taches : c'eſt ce qu'on appelle *des coups d'Etuve.*

COUTEAU-A-SUCRE. C'eſt une Latte aſſez épaiſſe par l'endroit qui ſert de poignée, & plus mince à l'autre bout : ſon uſage eſt de *mouver* & d'*opaler*. Voyez ces termes.

COUVERTURE. Pour *donner une Couverture*, on jette, dans le ſyrop qu'on clarifie, un mêlange d'eau de chaux & de sang, pour lever une seconde écume.

COUVRIR. *Voyez* TERRER.

CRAMPONS. Ce sont des morceaux de fer plat, courbés en crochet, qui servent à retenir les blanchets sur le panier-à-passer.

CRIBLE. On se sert de Cribles pour passer le sucre pilé : ces Cribles, au lieu de vélin, sont garnis de fil d'archal ou de laiton.

CROCHETS. Il y a différentes espéces de Crochets : les uns sont un morceau de fer recourbé, & qui a une douille pour recevoir un manche de bois : c'est un fourgon pour dégager la grille des fourneaux.

Le *Crochet du bac-à-forme* sert à descendre les formes dans l'eau.

Le *Crochet de la chaudiere-à-clairce*, sert à puiser le syrop qui est dans cette profonde chaudiere.

CROTTONS. On nomme ainsi les morceaux de sucre pilé, qui n'ont pas pu passer par le crible.

CUILLER. Outre le pucheux & les puchettes, qui sont de grandes Cuillers, on en a de petites pour terrer, & des Cuillers-à-bouche pour voir si le sucre est bien clarifié.

## D

DALLE. On nomme ainsi un Bassin de cuivre au fond duquel est ajusté, sur un des côtés, un tuyau qu'on rend assez long pour porter le sucre de la chaudiere où l'on clarifie dans la chaudiere-à-cuire. Ce transport se fait sans peine au moyen de la Dalle.

DEMOISELLES. Ce sont des Lucarnes qui sont au toît de la Halle aux chaudieres, & qui servent de passage aux vapeurs qui sortent du sucre qu'on clarifie ou qu'on cuit.

## E

ECUELLES. *Voyez* POELES.

ECUME. Substance mousseuse & impure, qui s'éleve sur le sucre qu'on clarifie.

ECUMERESSE. C'est une plaque de cuivre ronde, qui a depuis 9 jusqu'à 12 pouces de diamétre : elle est percée de trous qui ont une ligne d'ouverture : sur cette plaque est rivée une bande de fer terminée par une douille dans laquelle on met un manche de bois : en un mot, c'est une grande Ecumoire qui sert à lever les écumes.

EMPLI. On nomme ainsi une Salle basse, dans laquelle on plante les formes pour les emplir de sucre clarifié & cuit.

ESQUIVES. Ce sont des Gâteaux de terre, qu'on leve de dessus les fonds des pains.

ESTRIQUER. C'est paîtrir avec un couteau de bois mince & flexible, la terre qui s'est en partie desséchée sur les fonds, avant de mettre une seconde couche de terre.

ETUVE. Dans quelques Rafineries on nomme *Etuve* le Poële de l'Etuve où l'on met le feu ; & *Etuve-aux-pains*, un pavillon quarré dont l'intérieur est séparé par des étages de grillage, sur lesquels on pose les pains qu'il faut dessécher.

ETUVÉE. C'est la quantité de pains que peut contenir une Etuve.

## F

FLECHE. Quand les Cannes se disposent à fleurir, elles poussent comme nos roseaux un montant dénué de feuilles qu'on nomme *la fleche* ; c'est pourquoi l'on dit que les cannes ont *fléché* quand elles ont poussé le jet.

FOND. Le *Fond d'une forme* est le bout le plus évasé : le *Fond d'un pot* est opposé à son ouverture. Le sucre baisse dans les formes à mesure que le syrop s'écoule : on remplit ce vuide avec du sucre blanc en poudre avant de terrer ; c'est ce qu'on appelle *faire les Fonds*.

FONDUES. On appelle ainsi des Sucres tellement chargés de syrop, qu'il faut les fondre, clarifier & cuire pour en retirer un grain assez beau : c'est pourquoi on dit *Fondues de têtes*, *Fondues de vergeoises*, *Fondues de barbautes*.

FORMES. Ce sont des Vases de terre cuite de forme conique, qui servent à séparer le syrop du grain, & à mouler les pains de sucre. Il y en a ordinairement dans les Rafineries de six grandeurs : sçavoir, le *petit-deux*, le *grand-deux*, le *trois*, le *quatre*, le *sept*, & les *bâtardes* ou *vergeoises*.

FOURNAISE. C'est la partie du fourneau des chaudieres comprise entre la grille sur laquelle on met le charbon, & le dessous de la chaudiere.

## G

GARÇONS. Ce sont les Apprentifs. *Voyez* SERVITEURS.

GLACIS. C'est ainsi qu'on appelle un évasement en forme d'entonnoir, qui est couvert de plomb, & qui augmente la capacité des chaudieres à leur partie postérieure jusqu'à la moitié de leur diamétre.

GONICHON. C'est ainsi qu'on appelle le cornet de papier qui couvre la tête des pains.

GOUTTIERE, *Liévre* ou *Queue de rat*. Quand l'eau a plus coulé par un endroit que par un autre, la substance du pain est plus inégale & plus raboteuse en ces endroits qu'ailleurs ; ce qui fait le défaut dont il s'agit.

GRAINS. On appelle ainsi de petits crystaux de sucre qui ne sont pas réguliérement crystallisés comme le sont les crystaux du sucre candi, & qui s'accumulent pour former les pains.

GRATTER. C'est détacher avec un couteau le sucre du fond des pains, lequel étant plus sec que le reste, s'est attaché à la forme. On gratte sur une caisse, pour que le sucre qu'on détache ne soit point perdu.

GRENIER. Communément on appelle ainsi les chambres hautes des Rafineries, & l'on dit *le Grenier aux Piéces*.

GUILDIVE. *Voyez* TAFIA.

H

HALLE-AUX-CHAUDIERES. On nomme ainsi le grand attelier où sont montées les chaudieres à clarifier, & à cuire la clairce, le bac-à-chaux, le bac-à-forme, &c.

HAUSSE. C'est quelquefois un cercle de bois, d'autres fois un bourrelet de paille, qu'on met sur les banquettes, pour empêcher que les baquets ne les endommagent, ou plutôt pour qu'on puisse passer les doigts sous les baquets lorsqu'on veut les saisir.

L

LANTERNE. Pour travailler la nuit, on se sert de Lanternes qui sont ouvertes par le devant : on met dans chacune deux chandelles, & on les attache au trumeau.

LATTES. On nomme ainsi les barreaux qui forment le grillage aux différents étages des Etuves, & sur lesquels on pose les pains de sucre.

LEVER LES ÉCUMES. C'est les ramasser avec l'écumeresse pour les mettre dans un baquet : ainsi c'est *écumer*.

LIANE. Plante sarmenteuse qui s'entortille autour de celles qui sont à sa portée. Cette dénomination n'est connue qu'en Amérique.

LIEVRE. *Voyez* GOUTTIERE.

LITS. *Former les Lits*, c'est arranger les formes sur leur pot par bandes assez peu larges pour qu'on puisse atteindre au milieu. Pour les pains de deux & de trois, on met douze formes de front pour un lit : pour les pains de quatre, huit formes : pour les pains de sept, six formes.

LOCHER UN PAIN, c'est le tirer de sa forme.

LOQUES. Ce sont de vieux morceaux de blanchet ou de toile qui servent à laver les formes, faisant l'office de ce qu'on nomme dans les cuisines *Lavettes*. On s'en sert aussi pour étancher les hausses.

M

MANGER. *Donner à manger au Moulin*, c'est présenter des cannes entre les rouleaux qui en expriment le suc.

MANILLE, Cheville de bois dur avec laquelle on perce les têtes des gros pains de vergeoises pour faciliter l'écoulement du syrop.

MARCHE-PIED. C'est une planche assez large qui est clouée sur deux bouts de chevrons. On en a plusieurs dans la Halle aux chaudieres : ils servent à élever les Ouvriers : on ne s'en sert point quand les chaudieres sont basses.

MOSCOUADE ou *Sucre brut*. C'est du suc de canne épaissi par la cuisson, & un peu rafiné par la chaux, les cendres & le sang. Ce sucre n'est point terré : mais on a laissé couler une partie du syrop par des trous qu'on a faits au fond des bariques. Ce sucre très-brut produit beaucoup de déchet.

MOULINS-A-SUCRE. Ce sont de grosses Presses-à-rouleaux. Les cannes qu'on fait passer entre ces rouleaux ou cylindres rendent leur suc : il y en a qui sont mûs par l'eau; d'autres, par le vent; d'autres, par des chevaux. A la plupart, les rouleaux sont verticaux; à d'autres, ils sont horizontaux.

MOUVE-CHAUX ou *Mouveron du bac-à-chaux*. Cet instrument ressemble au bouloir ou rabot dont les Maçons se servent pour éteindre la chaux ou faire le mortier : il sert à remuer la chaux qui est dans le bac.

MOUVER. On ne se sert point dans les Rafineries des termes de *battre* ou *brasser* : toutes les fois qu'on remue ou qu'on agite, on dit *mouver*.

MOUVERON. C'est une grande spatule qui a à peu-près la forme d'un aviron, & qui sert à agiter le sucre dans les chaudieres.

O

OPALER. C'est détacher avec un couteau à sucre le grain qui s'attache à l'intérieur des formes, pour le mêler avec le syrop. On répéte deux fois cette opération : la premiere se nomme *opaler*; la seconde, *mouver*.

OUVRAGE ou *Œuvage*. C'est la même chose que Glacis. *Voyez* ce mot.

P

PANIER-A-PASSER. C'est un grand Panier d'osierde forme quarrée, dans lequel on met le blanchet pour purifier la clairce.

Le *Panier aux écumes* est rond, & contient une poche de toile.

PELLES. Dans les Rafineries, on se sert de Pelles de bois pour manier le sucre brut & les cassonades. Celles qu'on employe pour le charbon sont creuses & de fer battu.

PIÉCES. On appelle *le Grenier aux Piéces* l'endroit où l'on met les formes sur leur pot.

PIED-DE-BICHE. C'est un outil de fer qui porte à ses deux bouts, comme la panne d'un marteau refendue. Son usage est d'arracher les clous qui attachent les cerceaux sur le jable des bariques.

PILE ou *Auge à piler le sucre*, est faite dans un gros corps d'arbre de 14 à 15 pieds de long, & de 2 pieds & demi d'équarrissage. Ce corps d'arbre est creusé comme pour faire une auge. C'est dans cette auge qu'on met le sucre qu'on veut pulvériser.

PILONS. Ceux des Rafineries sont semblables à ce que les Ingénieurs nomment *Damme* : ils

ils consistent en un cylindre de bois de 8 à 9 pouces de hauteur, & de 6 à 7 pouces de diamétre : au milieu s'éleve verticalement un manche de 4 à 5 pieds de longueur.

PIQUEUX DU BAC-A-TERRE. C'est une piece de bois ronde qui a environ 4 pouces de diamétre & 6 pieds de longueur : à 8 ou 9 pouces de son bout supérieur, elle est traversée à angle droit par un barreau de bois. On saisit cette traverse, & on enfonce le piqueux dans la terre pour la pénétrer d'eau.

PLAMOTTER. C'est tirer un pain de sa forme, ou le locher, après en avoir ôté la terre, & l'avoir brossé. S'il n'est pas bien net, on lui remet sa terre : s'il est bien sale, on le couvre de terre forte.

PLANTER LES FORMES, c'est les arranger la pointe en bas les unes contre les autres, pour les emplir de sucre cuit.

On plante aussi les formes sur leur pot, pour qu'elles purgent leur syrop.

POCHE-AUX-ECUMES. C'est un sac de forte toile de Guibray, qu'on met dans un panier, pour retirer le sucre & le syrop qui est contenu dans les écumes.

POELES. On appelle ainsi les braisieres qu'on distribue dans les atteliers lorsqu'il fait froid & humide.

On nomme aussi *Poëles* ou *Ecuelles* des vaisseaux de cuivre en timballe, qui sont sur les banquettes vis-à-vis les chaudieres, & qui servent à recevoir le sucre qui se répand.

POINÇONS ou PRIMES. Ce sont des broches faites de bois dur, qui servent à percer les têtes des Bâtardes & Vergeoises.

POMPES. Il faut avoir dans les Rafineries des Pompes à incendie pour remédier aux accidents du feu.

Dans plusieurs Rafineries, on tire l'eau du puits avec une Pompe.

Dans quelques-unes on éleve l'eau de chaux de même avec une Pompe.

PORTEUR. Il est fait avec deux membrures qui sont liées parallélement l'une à l'autre par des entretoises. Son usage est de mettre égouter les pots de syrop sur les chaudieres.

POTS. Les pots des Rafineries sont faits de la même terre que les formes : ils doivent avoir une assiette large, être renflés au collet, & se rétrécir pour former le goulot. Leur grandeur est proportionnée à celle des formes : les plus petits contiennent trois chopines ; les plus grands vingt pintes.

PRIMES. *Voyez* POINÇONS.

PUCHET ; c'est un petit Pucheux, qui sert à vuider les chaudieres de l'empli. *Voyez* PUCHEUX.

PUCHEUX ; c'est une grande cuiller de cuivre en timbale ou en calotte, de huit à neuf pouces de diametre, à laquelle est rivée une douille de fer qui reçoit un long manche de bois. Les Pucheux servent à puiser le sucre pour le verser dans la dalle ou dans les bassins ; ou à jetter de l'eau dans la fournaise.

PURGER. On dit que le sucre *se purge de son syrop*, quand cette partie se sépare du grain par instillation.

## Q

QUEUE DE RAT. *Voyez* GOUTIERE.

## R

RACCOMMODEUR DE FORMES. C'est ordinairement un vieux serviteur qui est chargé de mettre des cerceaux & des copeaux aux formes, & de rétablir celles qui sont fêlées.

RAFFLAGE. Ce terme se dit des pains qui sont raboteux à la superficie ; ce qui arrive quand on a trop chauffé l'étuve, ou quand on n'a pas laissé les pains se ressuyer avant de les mettre à l'étuve.

RAFINAGE. C'est l'art de rafiner le Sucre, c'est-à-dire, de purifier le Sucre brut.

RAFINERIE. C'est la Manufacture où l'on purifie le Sucre brut.

RAFINEUR. C'est celui à qui appartient cette Manufacture.

RAFRAICHIR LE BAC-A-TERRE. C'est verser de l'eau nette sur la terre du bac pour la laver.

*Rafraîchir les pains terrés* ; c'est mettre sur l'ancienne terre une couche de terre nouvelle.

REDRESSEUR, *ou Boucle du Bac-à-forme*. C'est un anneau de fer qui est soudé au bout d'un barreau, à l'extrémité duquel est une douille où l'on met un manche de bois. Cet instrument sert à redresser les piles de formes qui se sont couchées au fond de l'eau du bac-à-forme.

RESLÉS. On appelle *rélés* des pains de Sucre, quand au sortir de l'étuve ils ont quelques ruptures de peu de conséquence ou à la tête ou à la patte : encore quand ils ont quelques taches légeres ou des coups d'étuve. On les marque en faisant un pli au papier qui les enveloppe.

RONDES. Quand on verse le Sucre cuit, des bassins dans les formes, on ne vuide pas tout un bassin dans une même forme : ceux qui suivent achevent de la remplir : cela s'appelle *emplir par rondes*.

ROULANTE. On nomme *roulante* une chaudiere, quand elle n'est pas montée sur un fourneau. *Voyez* CHAUDIERES.

On dit que l'écume *roule* dans le Sucre quand elle ne s'en sépare pas pour se porter à la superficie.

ROUX. On dit qu'un pain a *du Roux* à la

tête, quand il y entre une impression de syrop.

S

Sang. Le sang de bœuf est préférable à tout autre pour clarifier le Sucre.

Seconds. Les pains où l'on apperçoit, après les avoir lochés, une légere impression de syrop à la tête, se nomment *des seconds*; on leur remet leur esquive.

Serpe. Outil tranchant qui ressemble à un couperet : on s'en sert pour couper les cercles & casser les bariques.

Serviteurs. On nomme ainsi tous les ouvriers qui sçavent les opérations de la Rafinerie, & qu'on nomme dans d'autres Arts *Compagnons*. Dans les Rafineries les Apprentifs se nomment *Garçons*; & quand au bout de trois ans ils sont reçus *Serviteurs*, ils payent leur bien-venue aux autres.

Spatule. Il y en a de différentes formes. *La Spatule de la chaudiere de l'empli* est comme une petite bêche. *La Spatule pour gratter l'intérieur des pots* est petite & ronde.

Sucre. C'est le sel essentiel des Cannes. Dans les Rafineries on nomme *Sucre* les liqueurs qui contiennent ce sel. On dit, *clarifier & cuire le sucre*. Ce sel en petits crystaux rassemblés en pain est ce qu'on appelle communément *du Sucre*. Quand il est en gros crystaux c'est le *sucre candi*. Pour le sucre brut, *voyez* Moscouade.

On distingue le sucre suivant sa qualité, en *Sucre commun*, *Sucre fin*, *Sucre superfin*, & *Sucre royal*. Il ne faut pas croire qu'il soit essentiel au beau Sucre d'être en petits pains : le Superfin seroit aussi beau que le Royal, s'il étoit en gros pains.

Superfin. C'est le plus beau Sucre après le Sucre Royal. *Voyez* Sucre.

Syrop. Dans la signification commune, c'est le sucre fondu dans de l'eau : mais dans les Rafineries, c'est la partie grasse & visqueuse qui a le moins de disposition à se crystalliser.

*Les gros syrops* sont les plus gras : les *syrops fins* sont ceux qui contiennent beaucoup de grain.

T

Tafia, ou *Eau-de-vie de Sucre*; esprit ardent qu'on retire par la distillation du syrop qu'on a fait fermenter : on l'appelle aussi *Guildive*.

Tappe, petit bouchon de linge; *voyez* Tapper.

Tapper les formes. C'est mettre un petit bouchon de linge dans le trou qui est à la pointe d'une forme, pour empêcher que le syrop coule avant que le grain soit formé.

Terre. Les Rafineurs employent une terre blanche, qui a la propriété de se charger d'eau, & de la laisser échapper peu-à-peu. On la tire de Rouen ou de Saumur.

Terrer le Sucre. C'est couvrir le fond des pains avec une couche de terre détrempée, qui en rendant peu-à-peu son eau, emporte le syrop & blanchit le grain. On appelle aussi cette opération, *couvrir*.

Teste. *La tête d'une forme* ou *d'un pain*, est le bout pointu ou la pointe du cône.

Tire-clou; *voyez* Pied-de-biche.

Tire-pieces. C'est une pelle creuse percée de trous, & emmanchée perpendiculairement au plan de la pelle. Cet instrument ressemble aux marres creuses dont on se sert pour curer les puits & les fosses, ou pour tirer du sable des rivieres. On s'en sert dans les Rafineries pour tirer du bac-à-formes les morceaux de formes qui restent au fond.

Toqueux; barreau de fer qui se termine en crochet à un bout, & qui porte à l'autre une douille & un manche de buis; c'est un fourgon qui sert à attiser le charbon, & à nettoyer la grille de la fournaise.

Tracas. On appelle ainsi dans les Rafineries ce qu'on nomme ordinairement *trappe*; ils doivent être bordés d'une balustrade pour prévenir qu'on ne se précipite par les ouvertures. Ils sont très-commodes pour transporter les formes & la terre du rez-de-chaussée aux greniers.

Travailler. On dit que la terre *travaille*, quand elle laisse écouler son eau au travers du grain.

Tri. Abréviation de *triage* : *faire le Tri*, c'est séparer les moscouades & les cassonades suivant leur qualité.

Truelle. Instrument très-connu dont se servent les Maçons. Cet outil sert à faire les fonds.

V

Ventouses ou *Events*; ce sont des tuyaux circulaires pratiqués dans le massif de maçonnerie qui entoure les cuves. Les ventouses partent de la fournaise & aboutissent aux tuyaux des cheminées, où elles portent la fumée.

Vergeoises. Grandes formes dans lesquelles on dépose de gros syrops, pour en retirer un grain encore tout gras, qu'on mêle avec le sucre qu'on rafine.

Verpuntes. On nomme ainsi les Vergeoises refondues. *Voyez* pag. 58.

Verte. On dit que les bâtardes sont *vertes*, quand le grain est fort chargé de syrop.

Vezou. C'est le suc ou le jus exprimé des cannes avant qu'il ait été cuit & dégraissé. *Voyez* Cannes.

Vin de Cannes, synonyme de Vezou.

FIN.

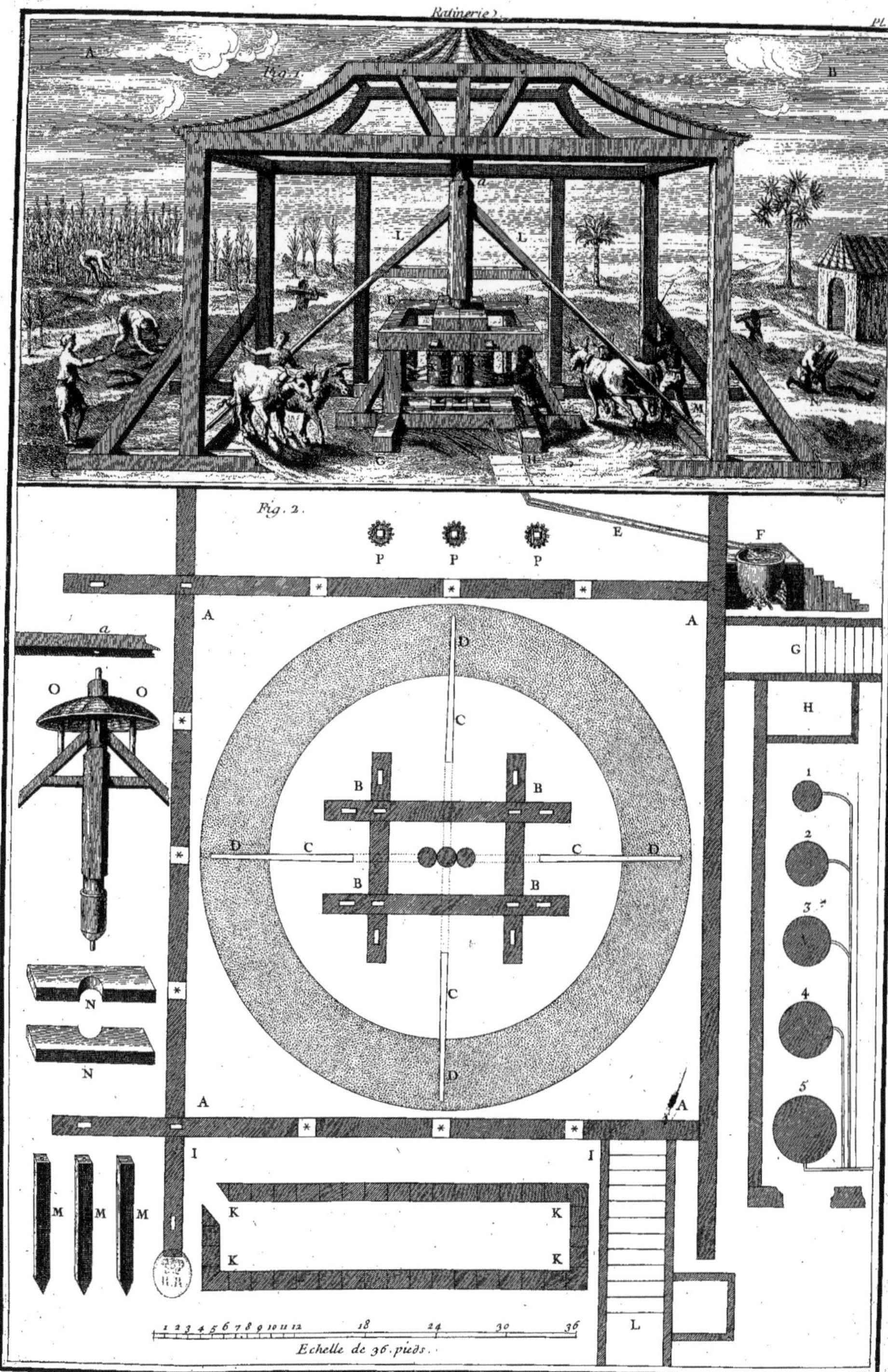


Lud. Simonneau fecit 1708.

Fig. 1.
B
Fig. 6.
Fig. 5.
Fig. 4.
Fig. 17.
Fig. 8.
Fig. 10.
Fig. 9.
Fig. 13.
Fig. 16.
Fig. 14.
Fig. 15.
Fig. 12.

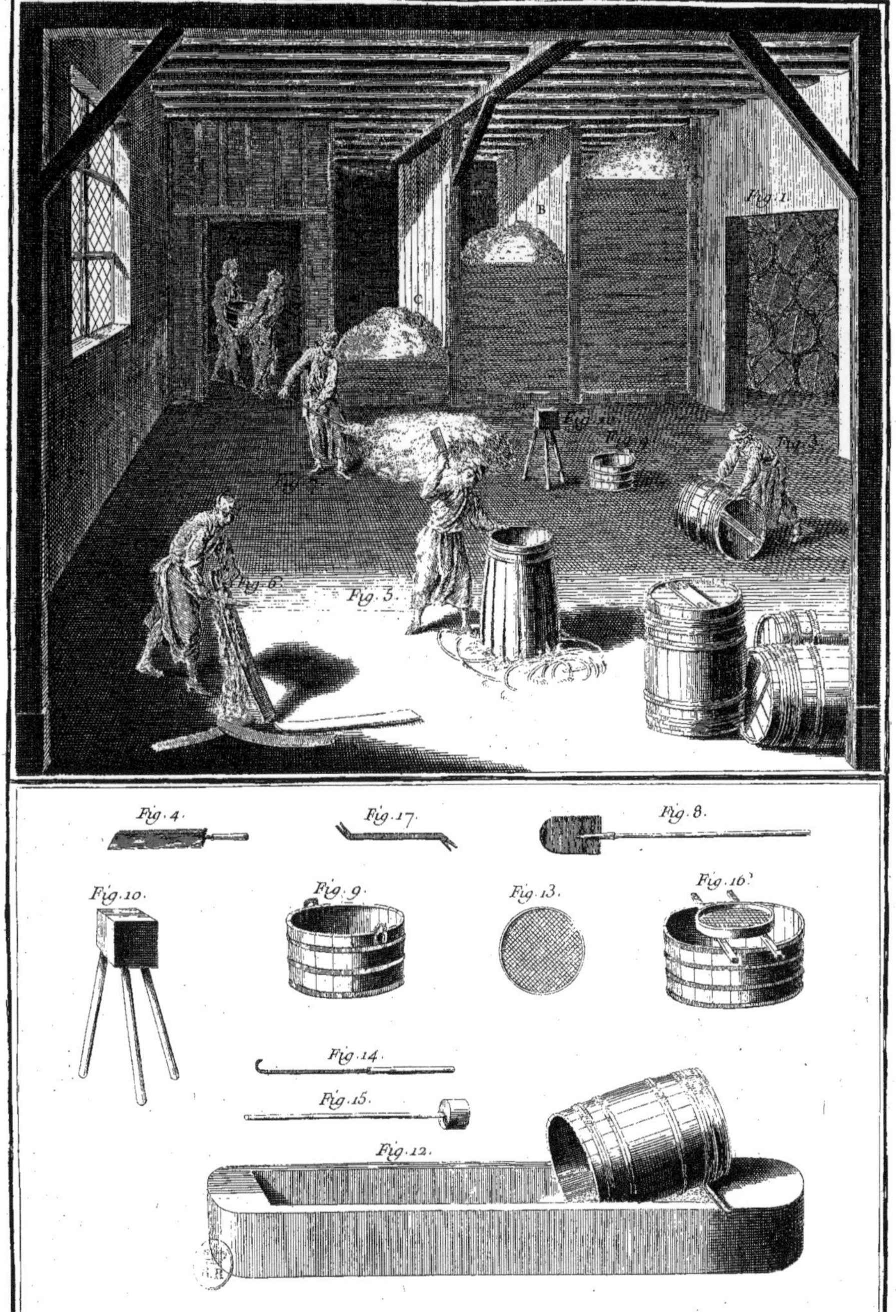

Patte Sc.

Desfriches del. Patte Sculp.

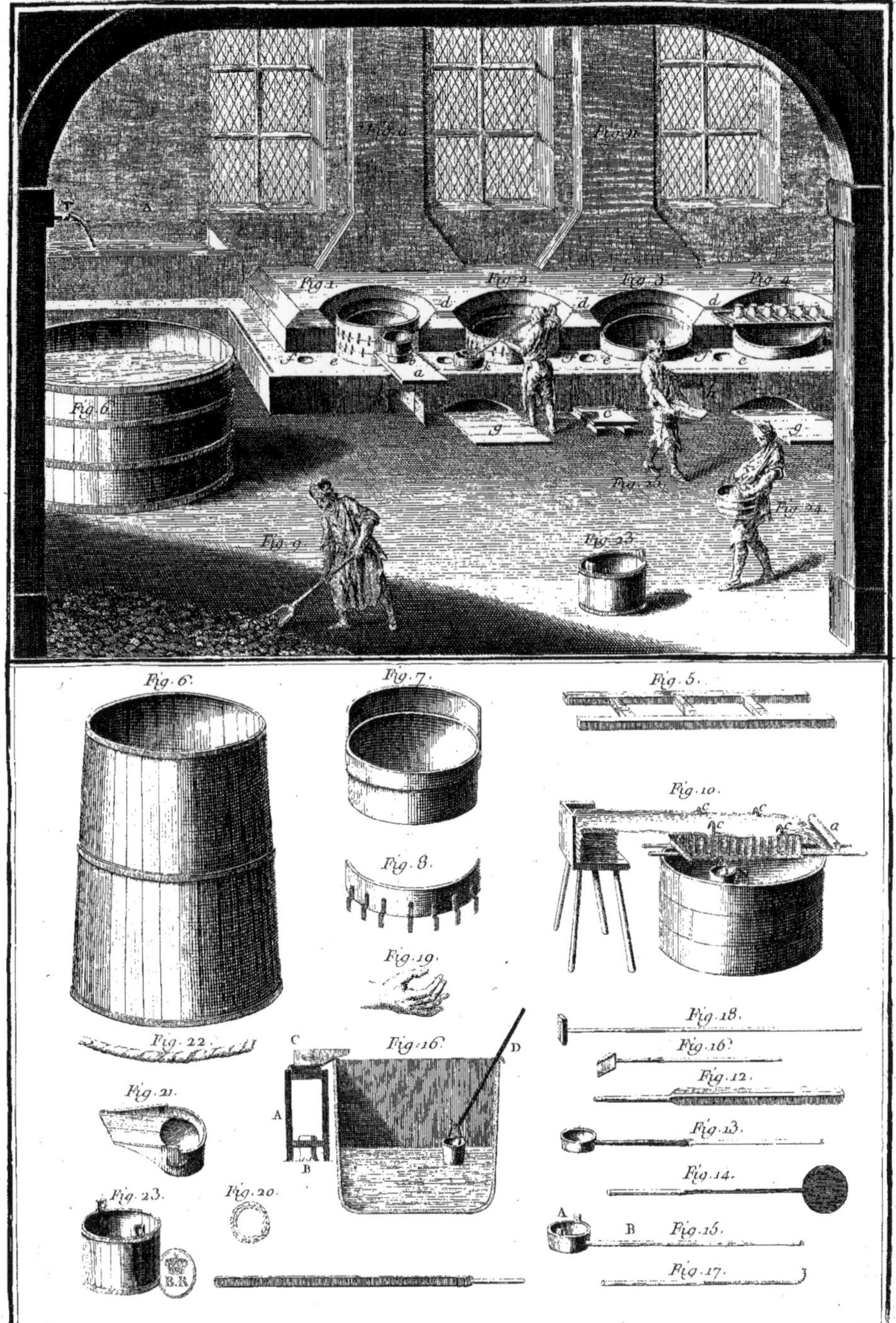
Fig. 1.
Fig. 2.
Fig. 3.
Fig. 4.
Fig. 6.
Fig. 9.
Fig. 23.
Fig. 24.
Fig. 6.
Fig. 7.
Fig. 5.
Fig. 10.
Fig. 8.
Fig. 19.
Fig. 18.
Fig. 22.
Fig. 16.
Fig. 16.
Fig. 12.
Fig. 21.
Fig. 13.
Fig. 14.
Fig. 23.
Fig. 20.
Fig. 15.
Fig. 17.
B.R

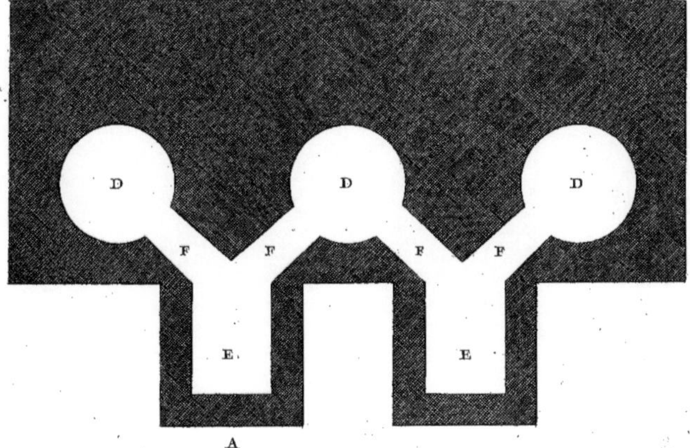


Echelle de 6 12 Pieds.

Fig. 2.

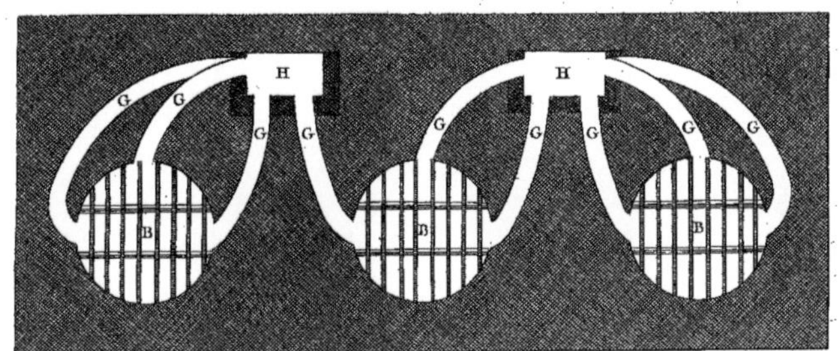


Fig. 4.

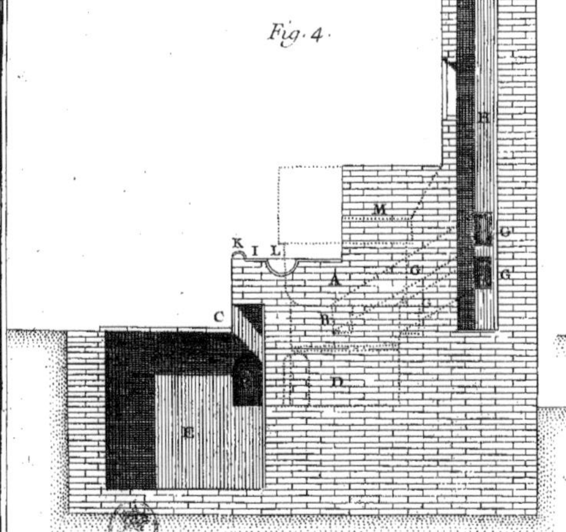


Fig. 3.

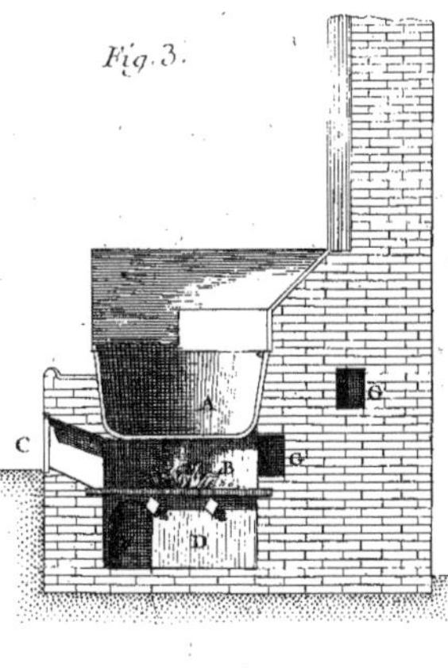

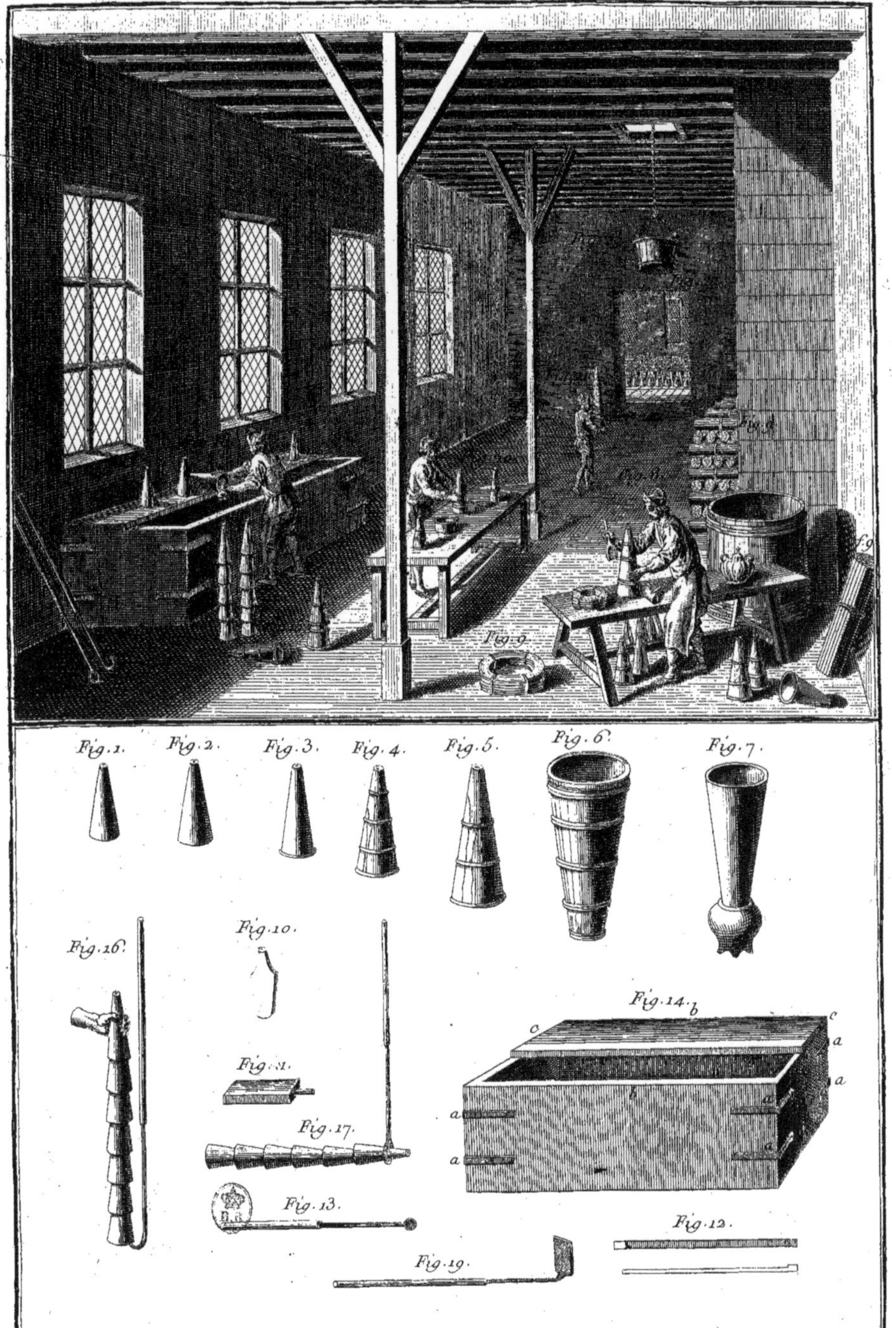
Fig. 9.
Fig. 1.
Fig. 2.
Fig. 3.
Fig. 4.
Fig. 5.
Fig. 6.
Fig. 7.
Fig. 16.
Fig. 10.
Fig. 14.
b
c
c
a
a
a
a
a
a
b
Fig. 17.
Fig. 13.
Fig. 12.
Fig. 19.

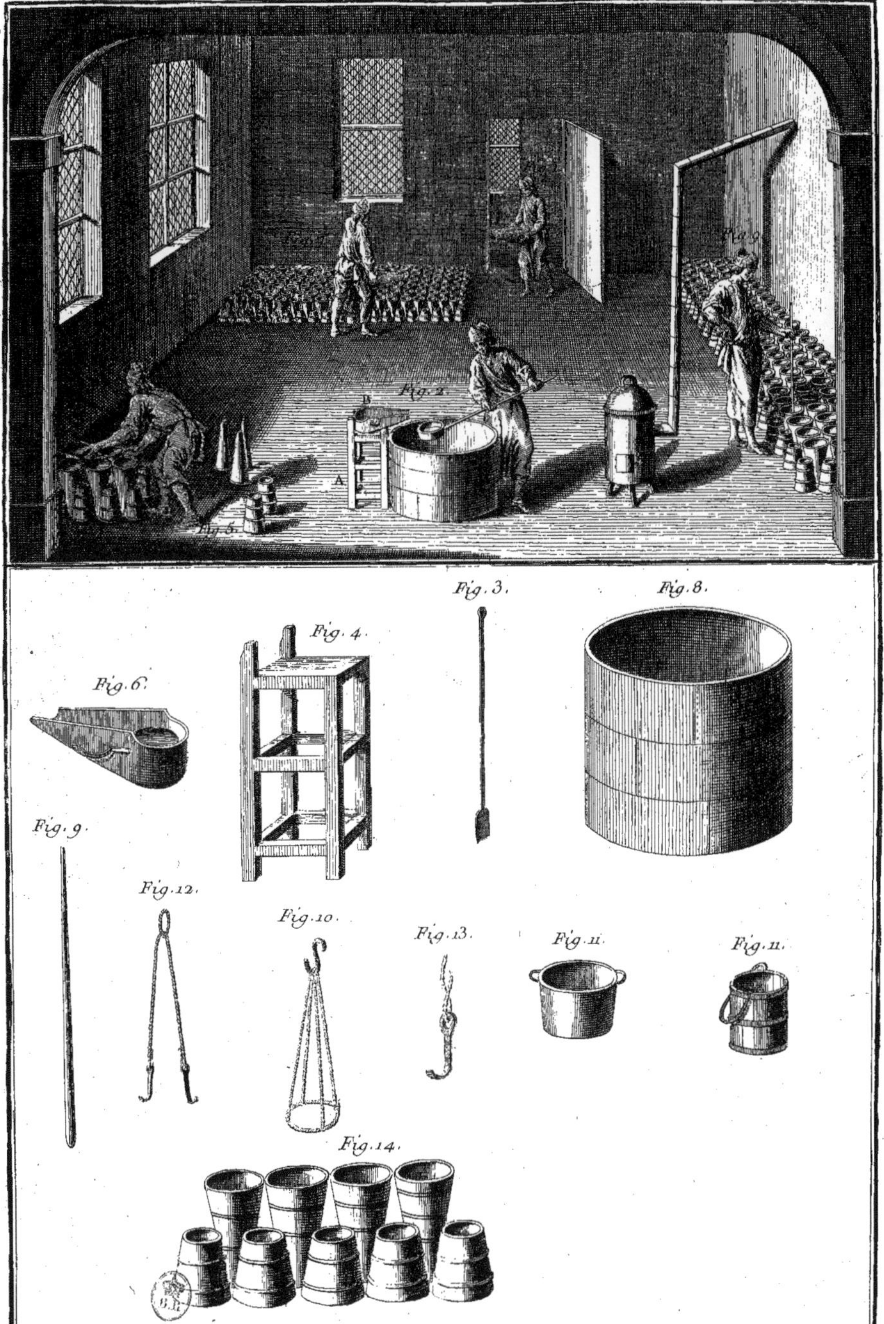
Fig. 2.
A
B
Fig. 5.
Fig. 3.
Fig. 8.
Fig. 4.
Fig. 6.
Fig. 9.
Fig. 12.
Fig. 10.
Fig. 13.
Fig. 11.
Fig. 11.
Fig. 14.

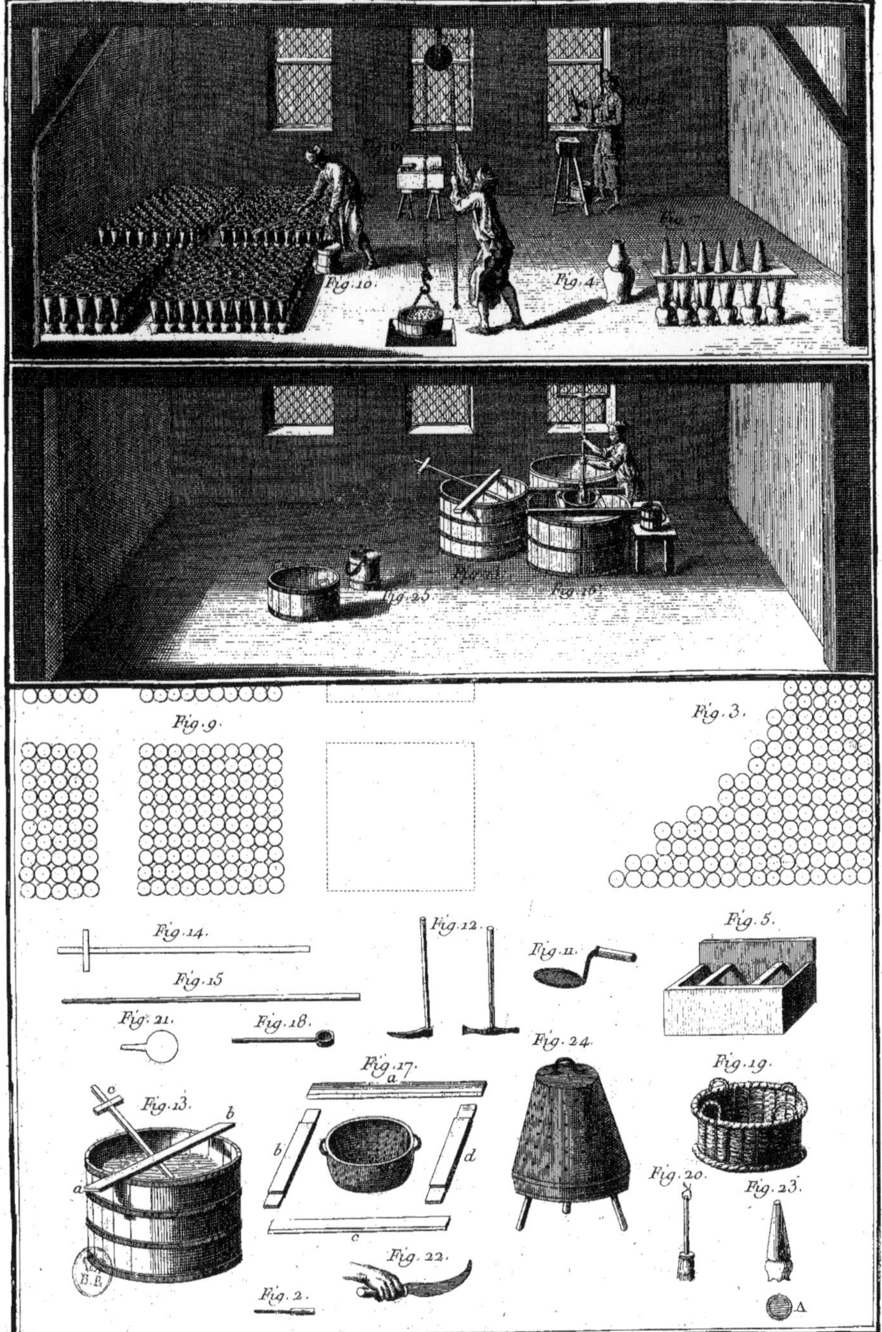
Fig. 10.
Fig. 4.
Fig. 7.
Fig. 25.
Fig. 16.
Fig. 9.
Fig. 3.
Fig. 14.
Fig. 15
Fig. 12.
Fig. 11.
Fig. 5.
Fig. 21.
Fig. 18.
Fig. 24.
Fig. 17.
a
Fig. 19.
Fig. 13.
c
b
a
b
d
c
Fig. 20.
Fig. 23.
Fig. 22.
Fig. 2.
A

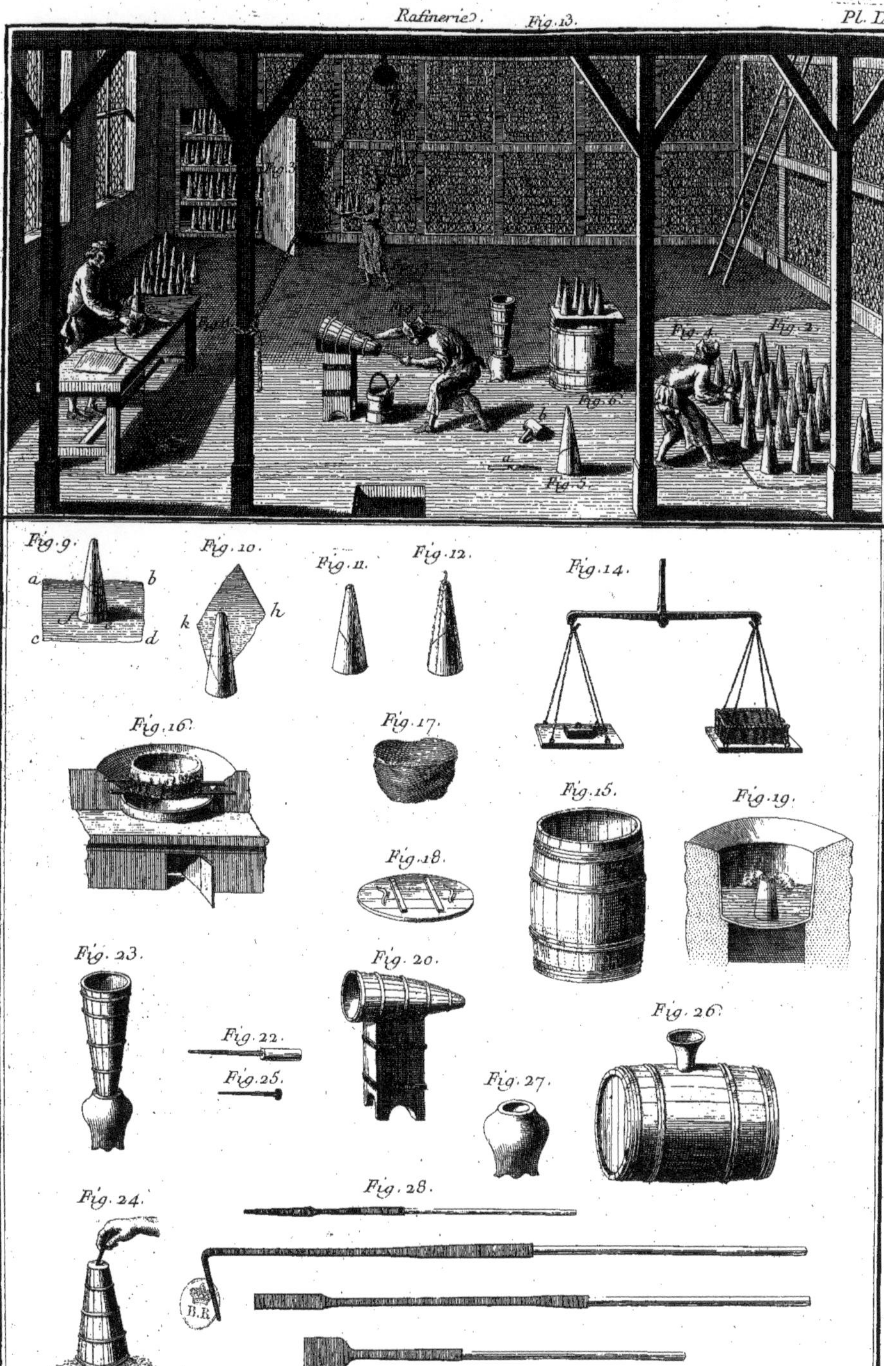
Fig. 13.
Fig. 9.
a
b
c
d
Fig. 10.
k
h
Fig. 11.
Fig. 12.
Fig. 14.
Fig. 16.
Fig. 17.
Fig. 15.
Fig. 19.
Fig. 18.
Fig. 23.
Fig. 20.
Fig. 22.
Fig. 25.
Fig. 27.
Fig. 26.
Fig. 24.
Fig. 28.

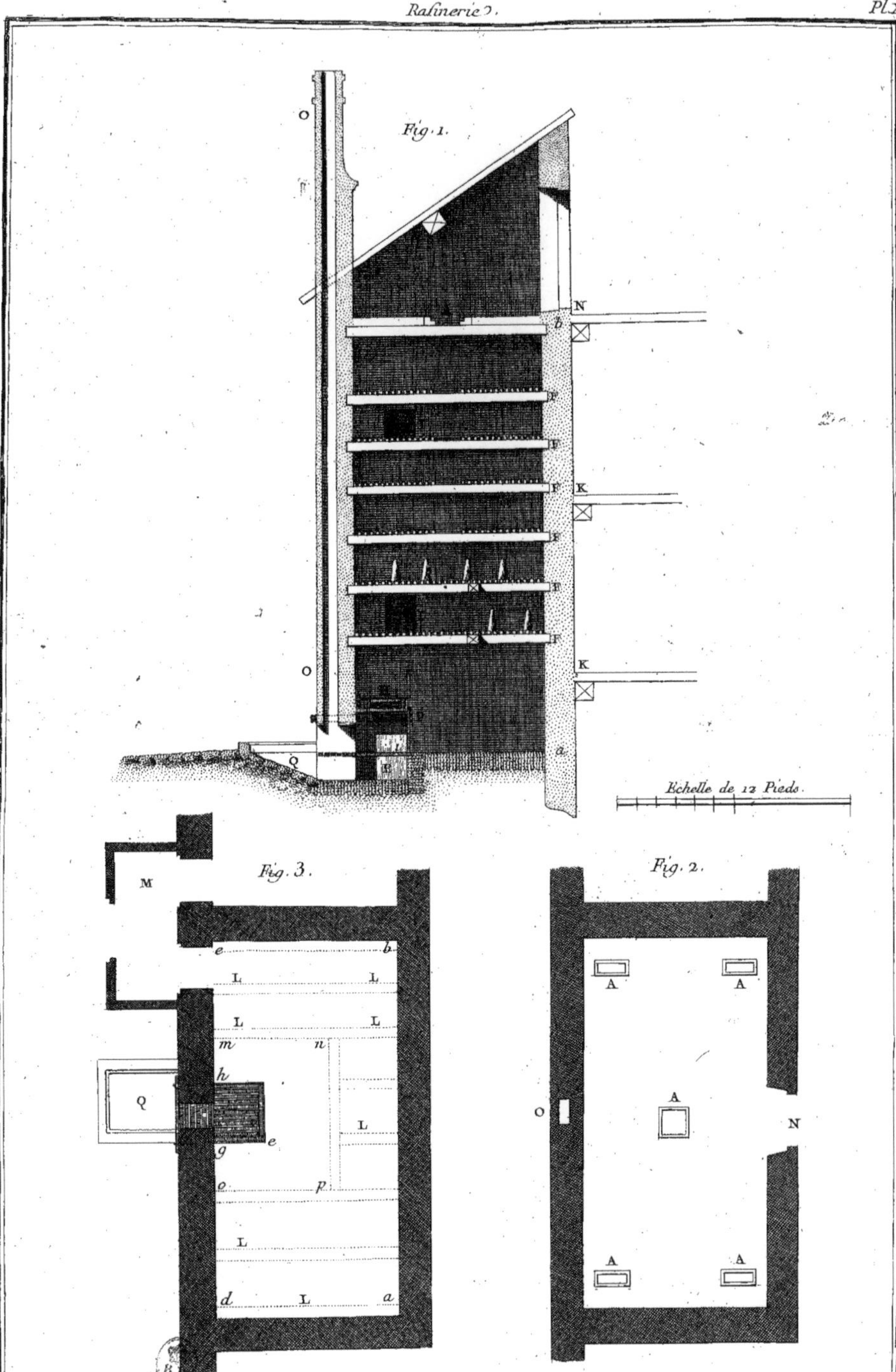
Fig. 1.
O
N
b
F
K
a
Q
Echelle de 12 Pieds.
Fig. 3.
M
e
b
L
m
n
h
Q
g
o
p
d
a
Fig. 2.
A
O
N

www.ingramcontent.com/pod-product-compliance
Ingram Content Group UK Ltd.
Pitfield, Milton Keynes, MK11 3LW, UK
UKHW020200200726
13856UKWH00003B/1101